ज़ाँ पॉल सार्त्र

ज़ाँ पॉल सार्त्र का जन्म 21 जून, 1905 को पेरिस, फ्रांस में हुआ था। उनकी शिक्षा-दीक्षा फ्रांस के अलावा मिस्र, इटली, ग्रीक और जर्मनी में एडमंड हसर्ल और मार्टिन हाइडेगर की देखरेख में हुई। विचारों से नास्तिक व साम्यवाद के समर्थक सार्त्र ने कभी किसी पार्टी की सदस्यता नहीं ली और चालीस के दशक में फ्रांसीसी सेना में भी रहे। 1940-41 में वे युद्धक़ैदी के रूप में नौ महीने जर्मनी में रहे। वे 'फ्रेंच रैली ऑफ़ रिवोल्यूशनरी डेमोक्रेट्स' के संस्थापकों में एक थे। 'रेजिस्टेंश मूवमेंट' के लिए भूमिगत रूप से उन्होंने उसके समाचार-पत्रों 'कॉम्बात' और 'ललेत्र फ्रांत्सुवा' के लिए काम किया।

एक दार्शनिक और लेखक के रूप में उन्होंने उपन्यास, नाटक, पटकथाएँ, आत्मकथाएँ व साहित्यिक-राजनीतिक आलोचनाएँ लिखीं। उनकी प्रमुख रचनाएँ हैं—'नॉज़िया', 'द रोड्स टू फ्रीडम', 'नो एग्ज़िट', 'द फ़्लाइज़', 'डर्टी हैन्ड्स', 'बीइंग एंड नथिंगनेस', 'द इमैजिनरी', 'क्रीटिक ऑफ़ डायलेक्टिकल रीजन', 'द फ़ैमिली ईडियट'।

उन्हें 1940 में 'ल मूर' के लिए 'रोमां पोपुलिस्त पुरस्कार' मिला। 1945 में उन्होंने 'फ्रेंच लेज़ाँ दोनॉर सम्मान' ठुकरा दिया। 1947 में 'न्यूयॉर्क ड्रामा क्रिटिक लॉ नौसे' के लिए और सम्पूर्ण कृतित्व के लिए 1960 का 'ओमेग्ना पुरस्कार'। साहित्य का 'नोबल पुरस्कार' भी उन्होंने 1964 में ठुकरा दिया। जेरूसलम के हिब्रू विश्वविद्यालय ने 1976 में उन्हें मानद डॉक्टरेट की उपाधि से सम्मानित किया।

15 अप्रैल, 1980 को पेरिस, फ्रांस में उनका निधन हुआ

संभ्रांत वेश्या

ज़ाँ पॉल सार्त्र

अनुवाद
मनोज कश्यप 'भालेन्दु'

राजकमल पेपरबैक्स

मूल कृति *"La Putain Respecteuse"* से अनूदित

Published in association with the French Embassy in India
Publié avec le soutien de l' Ambassade de France en Inde
भारत में फ्रांसीसी दूतावास के सहयोग से प्रकाशित

पहला पुस्तकालय संस्करण
राजकमल प्रकाशन प्राइवेट लिमिटेड द्वारा
2006 में प्रकाशित

राजकमल पेपरबैक्स में
पहला संस्करण : 2024

राजकमल पेपरबैक्स : उत्कृष्ट साहित्य के जनसुलभ संस्करण

राजकमल प्रकाशन प्रा.लि.
1-बी, नेताजी सुभाष मार्ग, दरियागंज
नई दिल्ली-110 002
द्वारा प्रकाशित

शाखाएँ : अशोक राजपथ, साइंस कॉलेज के सामने, पटना-800 006
पहली मंजिल, दरबारी बिल्डिंग, महात्मा गांधी मार्ग, प्रयागराज-211 001
1, अनमोल सोराबजी संतुक लेन, धोबी तलाव, मरीन लाइंस, मुम्बई-400 002
वेबसाइट : www.rajkamalprakashan.com
ई-मेल : info@rajkamalprakashan.com

बी.के. ऑफसेट
नवीन शाहदरा, दिल्ली-110 032
द्वारा मुद्रित

मूल्य : ₹ 199

SAMBHRANT VESHYA
by Jean Paul Sartre
Translated by Manoj Kashyap 'Bhalendu'

ISBN : 978-93-6086-686-0

संभ्रांत वेश्या

पात्र परिचय

1. लिज़्ज़ी—रंडी
2. फ्रेद—सीनेटर का लड़का

3-4. जाँ और जेम्स—पुलिस वाले

5. सेनातर (सीनेटर)
6. नेग्र (हब्शी)

कई आदमी

पहला आदमी

दूसरा आदमी

प्रथम : अंक

दृश्य-1

लिज़्ज़ी, बाद में हब्शी

दक्षिण अमेरिका के एक शहर में एक कमरा। सफेद दीवारें। एक दीवान पलंग। सीधे हाथ पर एक खिड़की, उल्टे हाथ पर गुसलख़ाने का दरवाजा। मंच पर पीछे की तरफ एक छोटा-सा कक्ष जिसमें घर का प्रवेश द्वार है।

पर्दा उठने से पहले मंच पर तूफान की-सी आवाज। पर्दा उठता है। लिज़्ज़ी अकेली है, स्कर्ट और ब्लाऊज पहने वैक्यूम क्लीनर चला रही है। दरवाजे की घंटी बजती है। वो थोड़ा हिचकती है, गुसलख़ाने के दरवाजे की तरफ देखती है। घंटी दुबारा बजती है। वो वैक्यूम क्लीनर छोड़कर गुसलख़ाने के दरवाजे की ओर जाती है और इसे थोड़ा-सा खोलती है।

लिज़्ज़ी

(धीमी आवाज़ में) दरवाजे पर कोई है। बाहर मत आना।

(दरवाजा खोलने जाती है। दरवाजे की चौखट में जड़ा

हुआ-सा, लम्बा, मोटा, सफेद बालोंवाला हब्शी, कुछ अकड़ा हुआ-सा खड़ा हुआ है।) क्या बात है ? शायद आप पता भूल गए हैं। *(कुछ क्षण)* आप क्या चाहते हैं ? कुछ कहेंगे भी ?

हब्शी

(याचना करते हुए) मेहरबानी कीजिए मैडम, मेहरबानी कीजिए।

लिज़्ज़ी

क्या मेहरबानी करूँ ? *(उसे ज़रा गौर से देखती है)* एक मिनट, ट्रेन में तुम्हीं थे ना ? तुम उनसे बच निकले ? तुम्हें मेरा पता कैसे मिला ?

हब्शी

मैं इसे खोज रहा था। मैं हर तरफ इसे ही खोज रहा था। *(अन्दर आने के लिए कदम बढ़ाता है)* मेहरबानी कीजिए, मैडम।

लिज़्ज़ी

अन्दर मत आओ। मेरे यहाँ कोई आया हुआ है। तुम क्या चाहते हो ?

हब्शी

मेहरबानी कीजिए, मैडम।

लिज़्ज़ी

पर क्या मेहरबानी करूँ ? तुम्हें पैसे चाहिए ?

हब्शी

नहीं, मैडम। *(कुछ क्षण)* मेहरबानी करके उसे बता दीजिए कि मैंने कुछ नहीं किया है।

लिज़्ज़ी

किसे बता दूँ ?

हब्शी

ज़ज को। उसे बता दीजिए मैडम, मेहरबानी करके उसे बता दीजिए।

लिज़्ज़ी

मैं किसी को कुछ नहीं बताने जा रही।

हब्शी

मेहरबानी कीजिए, मैडम।

लिज़्ज़ी

बिलकुल नहीं। मेरी खुद की ज़िन्दगी में कुछ कम पचड़े नहीं हैं जो मैं दूसरों की परेशानियाँ भी अपने सिर पर ओढ़ लूँ। अब यहाँ से चले जाओ।

हब्शी

आप जानती हैं कि मैंने कुछ नहीं किया। क्या मैंने कुछ किया है ?

लिज़्ज़ी

हाँ, तुमने कुछ नहीं किया पर मैं ज़ज के पास नहीं जाने वाली। ज़ज और पुलिसवालों को देखते ही मेरे पेट में दर्द होने लगता है।

हब्शी

अपने बीवी-बच्चों को छोड़कर मैं पूरी रात यहाँ-वहाँ भटकता रहा हूँ। अब और भटकना मेरे बस की बात नहीं है।

लिज़्ज़ी

तुम ये शहर छोड़ दो।

हब्शी

हरेक स्टेशन पर वो लोग मेरी घात में बैठे हैं।

लिज़्ज़ी

कौन लोग तुम्हारी घात में बैठे हैं ?

हब्शी

गोरे लोग ?

लिज़्ज़ी

क़ौन से गोरे लोग ?

हब्शी

सभी गोरे। शायद आज सुबह से आप घर से बाहर नहीं निकली हैं।

लिज़्ज़ी

नहीं।

हब्शी

गलियों में गोरे लोग भरे पड़े हैं। बूढ़े और जवान गोरे, एक-दूसरे से बिना पहचान के भी वो लोग आपस में बातें कर रहे हैं।

लिज़्ज़ी

क्या मतलब ?

हब्शी

मतलब ये कि उनके हत्थे चढ़ जाने तक मैं सिर्फ इधर-उधर चक्कर काटने, भागते रहने के अलावा कुछ नहीं कर सकता। बिना जान-पहचान के भी जब गोरे आपस में बातें करने लगे तो समझ लीजिए कि किसी हब्शी की मौत आ गई है। *(कुछ क्षण)* उन लोगों से कह दीजिए मैडम कि मैंने कुछ नहीं किया है। ज़ज को बता दीजिए। अखबारवालों को बता दीजिए। शायद वो आपकी कही बात को छाप दें। उन्हें बता दीजिए मैडम, उन्हें बता दीजिए।

लिज़्ज़ी

चिल्लाओ मत। मैंने बताया था न कि मेरे घर कोई आया हुआ है। *(कुछ क्षण)* अखबारवाली बात तो भूल ही जाओ। इस समय तो मैं लोगों की नज़रों में बिलकुल नहीं आना चाहती। *(कुछ क्षण)* अगर मुझे गवाही देने पर मजबूर किया जाता है तो मैं तुमसे वायदा करती हूँ कि मैं उन्हें सच बता दूँगी।

हब्शी

आप उनसे कह देंगी कि मैंने कुछ नहीं किया है ?

लिज़्ज़ी

हाँ, मैं उनसे कह दूँगी।

हब्शी

आप कसम खाती हैं मैडम ?

लिज़्ज़ी

हाँ, हाँ,।

हब्शी

भगवान की कसम ?

लिज़्ज़ी

ओह, भाड़ में जाओ। मैंने तुमसे वादा कर लिया। इतना ही तुम्हारे लिए काफी होना चाहिए। *(कुछ क्षण)* चले जाओ, जाओ, चले जाओ।

हब्शी

(अचानक ही) मेहरबानी करके मुझे छिपा लीजिए, मैडम।

लिज़्ज़ी

तुम्हें छिपा लूँ ?

हब्शी

आप इतनी मेहरबानी नहीं करेंगी मैडम ? इतनी मेहरबानी नहीं करेंगी क्या ?

लिज़्ज़ी

तुम्हें छिपा लूँ ? और वो भी मैं ? बहुत हो गया। *(उसके मुँह पर भड़ाक से दरवाजा बन्द कर लेती है)* मुझे कोई नया झंझट नहीं चाहिए। *(गुसलख़ाने की तरफ मुँह कर)* अब तुम बाहर आ सकते हो।

फ्रेद

(सिर्फ कमीज में गुसलख़ाने से बाहर आता है। कॉलर या टाई नहीं है।)

दृश्य-2

लिज़्ज़ी, फ्रेद

फ्रेद

कौन था ?

लिज़्ज़ी

कोई नहीं।

फ्रेद

मुझे लगा कि पुलिस आ गई।

लिज़्ज़ी

पुलिस ? तुम्हारा पुलिस से कुछ पंगा हुआ है ?

फ्रेद

मेरा ? नहीं तो; पर मुझे लगा कि पुलिस तुम्हें पकड़ने आई होगी।

लिज़्ज़ी

(अपमानित महसूस करके) वाह, क्या बात है ! मैंने कभी किसी का एक सेंट तक नहीं चुराया।

फ्रेद

और तुम कभी पुलिस के पचड़े में भी नहीं पड़ी ?

लिज़्ज़ी

कुछ भी हो, कम से कम चोरी के लिए तो कभी नहीं ही पड़ी। *(दोबारा वैक्यूम क्लीनर चलाने में व्यस्त हो जाती है। पहले जैसे तूफान का-सा कानफाडू शोर।)*

फ्रेद

(शोर से नाराज होकर) अरे !

लिज़्ज़ी

(अपनी बात सुनाने के लिए, चिल्लाते हुए) क्या हुआ, मेरे प्यारे ?

फ्रेद

(चिल्लाते हुए) तुम मेरे कान फाड़े डाल रही हो।

लिज़्ज़ी

(चिल्लाते हुए) बस हो ही गया। *(कुछ क्षण)* मैं ऐसी ही हूँ।

फ्रेद

(चिल्लाते हुए) क्या ?

लिज़्ज़ी

(चिल्लाते हुए) मैंने कहा कि मैं ऐसी ही हूँ।

फ्रेद

(चिल्लाते हुए) कैसी ?

लिज़्ज़ी

(चिल्लाते हुए) ऐसी ही। किसी के साथ रात गुजारने के बाद, अगले दिन सुबह मैं नहाए और कालीन की सफाई किए बिना नहीं रह सकती। *(वैक्यूम क्लीनर को बन्द कर देती है।)*

फ्रेद

(पलंग की तरफ इशारा करते हुए) जब तुम इसमें लगी

ही हुई हो तो इसे भी ढक दो।

लिज़्ज़ी

क्या ?

फ्रेद

पलंग को ! मैंने कहा पलंग को ढक दो। इससे पाप की बू आती है।

लिज़्ज़ी

पाप ? ये शब्द तुम कहाँ से ढूँढ़कर लाए हो ? कहीं तुम उपदेशक तो नहीं हो ?

फ्रेद

नहीं तो, क्यों ?

लिज़्ज़ी

तुम्हारी बातों से ऐसा लगता है। *(उसे देखती है)* नहीं, तुम उपदेशक नहीं हो सकते। उस लिहाज से तुम कुछ ज्यादा ही तड़क-भड़क वाले हो। जरा अपनी अँगूठियाँ तो दिखाओ। *(प्रशंसा भरी नजरों से देखते हुए)* अरे वाह ! तुम अमीर हो ?

फ्रेद

हाँ।

लिज़्ज़ी

बहुत अमीर ?

फ्रेद

बहुत।

लिज़्ज़ी

बहुत बढ़िया। *(अपनी बाँह उसकी गर्दन में डालती है और उसे चूमने के लिए अपने होंठ पेश करती है।)*

मुझे लगता है कि आदमी के लिए अमीर होना कहीं अधिक बेहतर है। इससे आत्मविश्वास आता है। *(वो उसे चूमने से झिझकता है और एक क्षण बाद मुँह फिरा लेता है)*

फ्रेद

पलंग को ढक दो।

लिज़्ज़ी

ठीक है, ठीक है। मैं इसे ढके देती हूँ। *(पलंग ढक देती है और अकेले ही हँसती है)* 'इससे पाप की बू आती है'। मेरे दिमाग में ऐसी बात कभी नहीं आ पाती। प्यारे ये पाप तुम्हारा है। *(फ्रेद के चेहरे पर विरोध भरे, गुस्से का भाव आता है)* हाँ, मुझे पता है, ये पाप उतना ही मेरा भी है लेकिन मेरी ज़िन्दगी में, मेरे मन में ऐसे बहुत सारे पाप हैं। *(पलंग पर बैठ जाती है और फ्रेद को भी जबर्दस्ती अपने पास ही बिठा लेती है)* आओ। आओ, हमारे इस पाप पर बैठ जाओ। ये एक खूबसूरत पाप है ना ? एक प्यारा-सा, मासूम-सा पाप। *(हँसती है)* पर तुमने आँखे क्यों फिरा ली ? क्या तुम्हें मुझसे डर लग रहा है ? *(फ्रेद अचानक उसे निर्ममता से कसकर अपने सीने से चिपका लेता है)* आह, मुझे लग रही है, लग रही है। *(उसे छोड़ देता है)* तुम भी अजीब लड़के हो। तुम बड़े शरारती लड़के हो। *(कुछ क्षण)* तुम्हारा नाम क्या है ? अपना नाम नहीं बताना चाहते ? तुम्हें पता है, मुझे नाम-पता नहीं होना अच्छा नहीं लगता। मेरे पास आनेवाले लोग बमुश्किल ही कभी अपना कुलनाम बताते हैं। ये बात मैं समझ सकती हूँ पर नाम बताने में भला क्या हर्ज़ है ? अगर मुझे तुम लोगों के नाम

नहीं पता होंगे तो मैं तुम लोगों के बीच फर्क कैसे कर पाऊँगी ? तो अब मुझे अपना नाम बताओ, मेरे प्यारे ?

फ्रेद

नहीं।

लिज़्ज़ी

तब तुम श्री बेनाम बन जाओगे। *(उठती है)* रुको, मैं ये कमरा जरा व्यवस्थित कर दूँ। *(कुछ फर्नीचर इधर-उधर करती है)* ये लो, हो गया। सब कुछ पहले जैसा व्यवस्थित। मेज के चारों तरफ रखी कुर्सियाँ—ये हमेशा बहुत शानदार लगती हैं। क्या तुम बता सकते हो कि यहाँ आस-पास तस्वीरों की दुकान कहाँ मिलेगी ? मैं इन दीवारों पर कुछ तस्वीरें टाँगना चाहती हूँ। वैसे मेरे ट्रंक में एक बहुत खूबसूरत तस्वीर पड़ी भी है। इसका शीर्षक है 'टूटा घड़ा'। ये एक छोटी-सी लड़की की तस्वीर है और उसका घड़ा टूट गया है। बेचारी बच्ची ! ये एक फ्रांसीसी तस्वीर है।

फ्रेद

कैसा घड़ा ?

लिज़्ज़ी

मुझे इस घड़े के बारे में कुछ नहीं मालूम। मुझे लगता है कि उसके पास एक घड़ा था। मैं इस तस्वीर से मिलती-जुलती-सी ही एक बूढ़ी औरत की तस्वीर खरीदना चाहती हूँ। बुनाई करती हुई या अपनी पोते-पोतियों को कोई कहानी सुनाती हुई दादी माँ। मैं जरा पर्दे हटाकर खिड़की खोल दूँ। *(ऐसा ही करती है)* कितनी खूबसूरत सुबह है। एक नए दिन की

शुरुआत। *(अंगड़ाई लेती है)* मुझे बहुत अच्छा लग रहा है, कितनी शानदार सुबह ! मैं अभी अच्छी तरह नहाई हूँ और पिछली रात मैंने बड़ी खूबसूरती से प्यार किया। मुझे अच्छा लग रहा है। वाकई में अच्छा लग रहा है। इधर आकर देखो ना, मेरी खिड़की से ये नजारा कितना खूबसूरत लग रहा है। सिर्फ पेड़, कितनी हरियाली, कितना प्यारा ! मैं कितनी खुशकिस्मत हूँ ना, पहले ही दिन मुझे इतनी बढ़िया जगह कमरा मिल गया। तुम वहीं क्यों रुक गए ? तुम्हें अपना शहर देखना अच्छा नहीं लगता ?

फ्रेद

लगता है, पर मेरी अपनी खिड़की से।

लिज़्ज़ी

(अचानक) जरा बताओ तो, सुबह उठते ही सबसे पहले कोई हब्शी दिख जाए तो क्या ये अपशकुन होता है ?

फ्रेद

ऐसा क्यों पूछ रही हो ?

लिज़्ज़ी

मैं...सामने फुटपाथ पर जाता हुआ एक हब्शी दिख रहा है।

फ्रेद

हब्शियों को देखना हमेशा ही दुर्भाग्यपूर्ण होता है। हब्शी शैतान होते हैं। *(कुछ क्षण)* खिड़की बन्द कर लो।

लिज़्ज़ी

तुम नहीं चाहते कि मेरे कमरे में थोड़ी ताजा हवा आए ?

फ्रेद

मैंने तुमसे कहा ना कि खिड़की बन्द कर लो। और पर्दे भी खींच लो। बत्तियाँ जला दो।

लिज़्ज़ी

क्यों ? क्या हब्शियों की वजह से ?

फ्रेद

मूर्ख कहीं की।

लिज़्ज़ी

सूरज की रौशनी कितनी अच्छी लग रही है।

फ्रेद

यहाँ सूरज की रौशनी की कोई जरूरत नहीं। मैं चाहता हूँ कि तुम्हारा कमरा पिछली रात की तरह ही लगे। मैंने कहा, खिड़की बन्द कर लो। जितनी चाहूँगा, उतनी सूरज की रौशनी मुझे बाहर मिल जाएगी। *(उठकर उसकी तरफ जाता है और उसे देखता है)*

लिज़्ज़ी

(कुछ विचलित होकर) क्या बात है ?

फ्रेद

कुछ नहीं, जरा मेरी टाई दो।

लिज़्ज़ी

गुसलख़ाने में है। *(बाहर जाती है, फ्रेद जल्दी से मेज की दराजें खोलता है और उनकी तलाशी लेता है। लिज़्ज़ी टाई लेकर वापस आती है)* ये रही, जरा रुको, मैं बाँधे देती हूँ। *(टाई की गाँठ बाँधती है।)* पता है, मैं हर सड़क चलते को ग्राहक नहीं बनाती क्योंकि तब बहुत से नए चेहरे देखने पड़ेंगे। मेरे हिसाब से तो बेहतरीन स्थिति ये है कि सिर्फ तीन या चार

बँधे-बँधाए, एक खास उम्र के मालदार ग्राहक, एक सोमवार को, एक बृहस्पतिवार को और एक सप्ताहान्त के लिए। मैं तुम्हें सिर्फ यूँ ही बता रही हूँ। तुम थोड़े से कम उम्र हो पर तुम गम्भीर किस्म के आदमी हो, शायद तुम्हें ये विचार पसन्द आए। बस, अब मैं कुछ और नहीं कह रही। तुम इस बारे में सोच लेना। तुम कितने खूबसूरत लगते हो, मुझे चूमो, मेरे खूबसूरत राजकुमार, मुझे चूमो...। तुम मुझे चूमोगे नहीं ? *(वो उसे अचानक ही, निर्ममता से चूमता है और फिर उसे धकेल देता है)* ओह !

फ्रेद

तुम शैतान हो।

लिज़्ज़ी

क्या ?

फ्रेद

तुम शैतान हो।

लिज़्ज़ी

फिर से वही उपदेशकोंवाली बातें। तुम्हें हुआ क्या है ?

फ्रेद

कुछ नहीं। मैं खुद से तंग आ गया हूँ।

लिज़्ज़ी

ये जाहिर करने के तुम्हारे तरीके बड़े अजीब हैं। *(कुछ क्षण)* तुम खुश हो ?

फ्रेद

किस बात से खुश ?

लिज़्ज़ी

(मुस्कुराते हुए उसकी नकल उतारती है) किस बात

से खुश ? तुम कितनी मूर्ख हो, मेरी बिटिया रानी।

फ्रेद

ओह हाँ, बहुत खुश, बहुत खुश। तुम कितना धन चाहती हो ?

लिज़्ज़ी

उसके बारे में बात कौन कर रहा है। मैंने सिर्फ ये पूछा कि क्या तुम खुश हो। तुम शिष्टता से भी जवाब दे सकते थे। क्या गड़बड़ है ? तुम वाकई में खुश नहीं हो ? अब ये मत कहना कि तुम्हें खुशी नहीं मिली।

फ्रेद

चुप रहो।

लिज़्ज़ी

तुमने मुझे अपनी बाँहों में भरा, कसकर गले से लगाया और फिर धीमे से कहा कि तुम मुझे प्यार करते हो।

फ्रेद

तुम नशे में धुत्त थी।

लिज़्ज़ी

नहीं, मैं नशे में नहीं थी।

फ्रेद

बिलकुल थी, पूरी तरह धुत्त।

लिज़्ज़ी

मैं कह रही हूँ कि नहीं थी।

फ्रेद

कुछ भी हो, मैं तो था। मुझे कुछ भी याद नहीं।

लिज़्ज़ी

बड़े अफसोस की बात है। मैंने गुसलख़ाने में कपड़े

उतारे और जब मैं तुम्हारे पास वापस आई तो तुम शर्म से लाल हो गए थे। तुम्हें बिलकुल याद नहीं ? मैंने ये भी कहा था, 'अरे मेरे छोटे से झींगे।' तुम्हें याद नहीं कि तुमने बत्ती बुझा दी थी और मेरे साथ अँधेरे में ही प्यार किया था। मुझे ये बात बहुत ही भली और इज़्ज़तदार लगी। तुम्हें याद नहीं ?

फ्रेद

नहीं।

लिज़्ज़ी

और फिर हम एक ही पालने में पड़े दो नवजात शिशुओं की तरह खेल रहे थे। ये बात तुम्हें याद है ?

फ्रेद

मैंने तुमसे चुप रहने को कहा ना। रात की बातें, रात के साथ ही खत्म। सुबह उसके बारे में कोई बात नहीं की जाती।

लिज़्ज़ी

(चुनौतीपूर्ण स्वर में) और अगर मैं उस बारे में बात करना चाहूँ तो ? तुम्हें पता है कि मुझे तो बेहद मजा आया।

फ्रेद

तो तुम्हें बेहद मजा आया। *(उसकी तरफ जाता है, धीमे-से उसके कन्धे सहलाता है और उसकी गर्दन को अपने दोनों हाथों के घेरे में ले लेता है।)* किसी आदमी को अपने जाल में फँसाकर तुम्हें हमेशा ही बहुत मजा आता है ? मैं तो पिछली रात को भूल भी गया, पूरी तरह से भूल गया। मुझे सिर्फ नाईट क्लब याद है। बाकी की बातें सिर्फ और सिर्फ तुम्हें ही याद है।

(उसकी गर्दन दबाता है)

लिज़्ज़ी

क्या कर रहे हो ?

फ्रेद

तुम्हारा गला घोंट रहा हूँ।

लिज़्ज़ी

तुम मुझे चोट पहुँचा रहे हो।

फ्रेद

सिर्फ तुम्हें याद है। अगर मैं थोड़ा-सा और जोर से दबाऊँ तो पिछली रात को याद रखनेवाला दुनिया में और कोई बाकी नहीं बचेगा। *(उसे छोड़ देता है)* तुम्हें कितना चाहिए ?

लिज़्ज़ी

अगर तुम पिछली रात की बातें भूल गए तो इसका मतलब ये निकला कि मैंने अपना काम अच्छी तरह नहीं किया। मैं खराब काम की कीमत नहीं चाहती।

फ्रेद

बक-बक नहीं। कितना ?

लिज़्ज़ी

सुनो। मैं परसों ही यहाँ आई हूँ और तुम मेरे पहले ग्राहक हो। भाग्य की देवी को प्रसन्न करने के लिए, मैं पहले ग्राहक से पैसा नहीं लूँगी।

फ्रेद

मुझे तुम्हारे तोहफों की जरूरत नहीं। *(दस डॉलर का एक नोट मेज पर रख देता है)*

लिज़्ज़ी

मैं तुमसे पैसा नहीं लेना चाहती पर मैं ये जरूर

जानना चाहती हूँ कि तुमने मेरी कितनी कीमत लगाई है। रुको, मैं जरा अन्दाजा करती हूँ। *(नोट उठाती है और आँखें बन्द कर लेती है)* चालीस डॉलर ? नहीं, ये बहुत ज्यादा है और तब दो नोट होने चाहिए थे। बीस डॉलर ? उससे ज्यादा ? तब तो ये चालीस डॉलर से ज्यादा होंगे। पचास ? सौ ? *(इस सारे समय फ्रेद उसे बिना आवाज़ किए हँसते हुए देखता रहता है)* अब मैं आँखें खोल रही हूँ। *(नोट देखती है)* पक्की बात है कि तुमसे कोई गलती नहीं हुई ?

फ्रेद

मुझे ऐसा नहीं लगता।

लिज़्ज़ी

तुम्हें पता है कि तुमने मुझे क्या दिया है ?

फ्रेद

हाँ, पता है।

लिज़्ज़ी

इसे वापस ले लो। इसे फौरन वापस ले लो। *(वो इशारे से लेने से मना करता है)* दस डॉलर ! दस डॉलर, मेरे जैसी लड़की की कीमत दस डॉलर। तुमने मेरी टाँगें देखी हैं ? *(उसे अपनी टाँगें दिखाती है)* और मेरी छातियाँ, तुमने मेरी छातियाँ देखी हैं ? ये दस डॉलरवाली छातियाँ हैं ? इससे पहले कि मुझे गुस्सा आ जाए अपने ये गँधाते पैसे उठाओ और यहाँ से दफा हो जाओ। साहबजादे बार-बार फिर से प्यार करना चाहते थे, चाहते थे कि मैं अपने बचपन की कथा उन्हें सुनाऊँ। और आज सुबह साहबजादे ऐसी

बदमिज़ाज़ी दिखा रहे थे, ऐसी शक्ल बनाकर दिखा रहे थे, मानो महीने भर की कीमत चुका दी हो। और ये सब कुछ कितने पैसे के लिए, चालीस नहीं, तीस नहीं, बीस भी नहीं, सिर्फ दस डॉलर के लिए।

फ्रेद

इस तरह के सुअरपने के लिए ये भी बहुत ज्यादा है।

लिज़्ज़ी

सुअर होगे तुम खुद। तुम हो क्या चीज़, गँवार ? तुम्हारी माँ जरूर कोई बहुत घमंडी रंडी होगी जो उसने तुम्हें औरतों की इज़्ज़त करना नहीं सिखाया।

फ्रेद

तुम अपना मुँह बन्द करोगी या नहीं ?

लिज़्ज़ी

घमंडी रंडी। एक घमंडी रंडी।

फ्रेद

(अस्वाभाविक रूप से शान्त, भावहीन सुर में) एक सलाह देता हूँ, लड़की। अगर तुम अपना गला घुटवाना नहीं चाहती हो तो हमारे यहाँ के लड़कों से उनकी माँ के बारे में बात मत करना।

लिज़्ज़ी

(उसकी तरफ बढ़ती है) तो घोंट दो। जरा मैं भी तो देखूँ।

फ्रेद

(पीछे हटते हुए) खामोश रहो *(लिज़्ज़ी मेज पर से एक गोल फूलदान उठा लेती है। साफ पता लगता है कि वो उसे फ्रेद के सिर पर फोड़ देने के लिए तैयार*

खड़ी है) ये दस डॉलर और ले लो पर खामोश हो जाओ। खामोश हो जाओ वर्ना मैं तुम्हें जेल में डलवा दूँगा।

लिज़्ज़ी

तुम मुझे जेल में डलवाओगे ?

फ्रेद

हाँ, डलवाऊँगा।

लिज़्ज़ी

तुम डलवाओगे ?

फ्रेद

हाँ, हाँ मैं।

लिज़्ज़ी

ज़्यादा लम्बी-लम्बी मत छोड़ो।

फ्रेद

मैं क्लार्क का बेटा हूँ।

लिज़्ज़ी

कौन क्लार्क ?

फ्रेद

सीनेटर क्लार्क।

लिज़्ज़ी

सचमुच ? तो फिर मैं रूजवेल्ट की बेटी हूँ।

फ्रेद

तुमने अखबारों में सीनेटर की तस्वीर देखी है ?

लिज़्ज़ी

देखी है। तो फिर ?

फ्रेद
ये देखो। *(उसे एक तस्वीर दिखाता है)* मैं उनकी बगल में खड़ा हूँ। उनका हाथ मेरे कन्धे पर है।

लिज़्ज़ी
(अचानक ही शान्त होते हुए) अरे ! सचमुच वही तुम्हारे पिता हैं ? जरा मुझे देखने दो।

फ्रेद
(उसके हाथों से तस्वीर छीन लेता है) बहुत हो गया।

लिज़्ज़ी
कितने सुन्दर हैं। वो कितने न्यायप्रिय, कितने गहन-गम्भीर दिखते हैं। लोग जो कहते हैं, क्या वो सच है कि उनकी बातों से शहद टपकता है ? *(वो जवाब नहीं देता)* ये बागीचा तुम्हारा है ?

फ्रेद
हाँ।

लिज़्ज़ी
कितना बड़ा लगता है ! और हत्थेदार कुर्सियों पर बैठी लड़कियाँ, ये तुम्हारी बहनें हैं ? *(वो जवाब नहीं देता)* तुम्हारा घर पहाड़ी पर है ?

फ्रेद
हाँ।

लिज़्ज़ी
तो सुबह जब तुम नाश्ता करते होगे तो तुम्हारी खिड़की से पूरा शहर दिखता होगा।

फ्रेद
हाँ।

लिज़्ज़ी

खाने के समय तुम्हें बुलाने के लिए घंटी बजाई जाती है ? मुझे बताने में कोई हर्ज नहीं है।

फ्रेद

घड़ियाल बजाया जाता है।

लिज़्ज़ी

(उल्लसित होकर) घड़ियाल ! मैं तुम्हें समझ नहीं पाई। अगर मेरा ऐसा परिवार और ऐसा घर होता तो मैं ऐसे घर से दूर कहीं और सोने के लिए पैसा लेती। *(कुछ समय)* तुम्हारी माँ के बारे में जो मैंने कहा, उसका मुझे अफसोस है। मैं गुस्से में थी। तस्वीर में क्या वो भी हैं ?

फ्रेद

मैंने तुम्हें उनके बारे में बात करने को मना किया था।

लिज़्ज़ी

ठीक है, ठीक है। *(कुछ समय)* मैं तुमसे एक सवाल कर सकती हूँ ? *(वो जवाब नहीं देता)* अगर तुम्हें प्यार करना भाता नहीं तो तुम मेरे साथ यहाँ क्या करने आए थे ? *(वो जवाब नहीं देता, वो उच्छवास भरती है)* अगर तुम अक्सर यहाँ आनेवाले हो तो मैं तुम्हारे तौर-तरीकों की आदत डालने की कोशिश करूँगी। *(कुछ समय, फ्रेद शीशे के सामने अपने बाल सँवारता है)*

फ्रेद

तुम उत्तर से आई हो ?

लिज़्ज़ी

हाँ।

फ्रेद

न्यूयार्क से ?

लिज़्ज़ी

उससे तुम्हें क्या लेना-देना है ?

फ्रेद

पिछली रात तुम न्यूयार्क के बारे में बात कर रही थी।

लिज़्ज़ी

न्यूयार्क के बारे में कोई भी बात कर सकता है। इससे कुछ साबित नहीं होता।

फ्रेद

तुम वहीं क्यों नहीं रह गई ?

लिज़्ज़ी

मैं उस जगह से ऊब चुकी थी।

फ्रेद

वहाँ कोई परेशानी थी ?

लिज़्ज़ी

जाहिर है। मैं परेशानियों को अपनी तरफ खींचती हूँ जैसे चुम्बक लोहे को। कुछ लोग ऐसे ही होते हैं। ये साँप देख रहे हो ? *(उसे कंगन दिखाती है)* ये बड़ा मनहूस है।

फ्रेद

तो फिर इसे पहनती ही क्यों हो ?

लिज़्ज़ी

अब जबकि ये मेरे पास है, मुझे इसे पहनना ही पड़ेगा। लोग कहते हैं कि साँप के बदले बड़े भयानक होते हैं।

फ्रेद

ये तुम्हीं थी, जिससे हब्शी ने बलात्कार करने की कोशिश की थी ?

लिज़्ज़ी

क्या ?

फ्रेद

तुम परसों सुबह छह बजे की एक्सप्रेस ट्रेन से आई थी ना ?

लिज़्ज़ी

हाँ।

फ्रेद

तब तुम्हीं वो लड़की हो।

लिज़्ज़ी

मुझसे किसी ने भी बलात्कार करने की कोशिश नहीं की। *(थोड़ी कड़वाहट के साथ हँसती है)* मुझसे बलात्कार ? तुम समझ रहे हो ना ?

फ्रेद

तुम वही हो। वैबस्टर ने कल मुझे नाईट क्लब में बताया था।

लिज़्ज़ी

वैबस्टर ? *(कुछ क्षण)* तो ये बात है !

फ्रेद

क्या बात ?

लिज़्ज़ी

तो इसलिए तुम्हारी आँखें चमक रही थी ? बलात्कारवाली बात सुनकर तुम्हें भी जोश आ गया, है ना ? हरामी

कहीं के। ऐसे भले बाप की औलाद होकर भी...

फ्रेद

अगर मुझे ये ख़याल भी आया होता कि तुम एक हब्शी के साथ सोई थी तो...

लिज़्ज़ी

तो ?

फ्रेद

मेरे घर में पाँच काले नौकर हैं। जब मुझे फोन पर बुलाया जाता है और फोन उनमें से किसी ने उठाया होता है तो वो फोन का चोगा कपड़े से पोंछकर मुझे थमाता है।

लिज़्ज़ी

(प्रशंसात्मक स्वर में सीटी बजाती है) अरे वाह !

फ्रेद

(नर्मी से) हम यहाँ के बाशिन्दे लोग, हब्शियों को बहुत पसन्द नहीं करते और न ही उन गोरी लड़कियों को जो उनसे मेल-जोल रखती हैं।

लिज़्ज़ी

बहुत हुआ। मुझे हब्शियों से कोई शिकायत नहीं है पर मैं ये नहीं चाहूँगी कि वो मुझे छुए।

फ्रेद

भला कौन कह सकता है कि ये बात कितनी सच है ! तुम शैतान हो। हब्शी भी शैतान है। *(अचानक)* तब फिर ? उसने तुमसे बलात्कार करना चाहा था ?

लिज़्ज़ी

उससे तुम्हारा क्या वास्ता है ?

फ्रेद
दो हब्शी तुम्हारे डिब्बे में चढ़े। थोड़ी देर बाद उन्होंने तुम पर हमला कर दिया। तुमने मदद की गुहार की और कुछ गोरे तुम्हारी मदद के लिए आगे आए। एक हब्शी ने अपना उस्तरा निकाल लिया और एक गोरे ने उसे अपने रिवाल्वर से गोली मार दी। दूसरा हब्शी भाग निकला।

लिज़्ज़ी
ये सब तुम्हें वैबस्टर ने बताया ?

फ्रेद
हाँ।

लिज़्ज़ी
उसे ये बात कहाँ से पता चली ?

फ्रेद
सारा शहर इस बारे में बात कर रहा है।

लिज़्ज़ी
सारा शहर ? मेरे अहो भाग्य ! तुम लोगों के पास करने को और कोई काम नहीं है ?

फ्रेद
सब कुछ ऐसा ही घटा था न, जैसा कि मैंने बताया ?

लिज़्ज़ी
बिलकुल नहीं। दोनों हब्शी बड़ी शान्तिपूर्वक बैठकर एक दूसरे से बातें कर रहे थे। उन्होंने मेरी तरफ देखा तक नहीं। उसके बाद चार गोरे डिब्बे में चढ़े और उनमें से दो मेरे करीब आने की कोशिश करने लगे। वो लोग कोई रग्बी मैच जीत कर आए थे और नशे में बुरी तरह धुत्त थे। उन्होंने कहा कि कहीं आस-पास से

हब्शियों की बदबू आ रही थी और वे लोग हब्शियों को खिड़की से बाहर फेंकना चाहते थे। हब्शियों ने खुद को बचाने के हर सम्भव प्रयास किए। अन्त में, एक गोरे की आँख पर एक घूँसा पड़ गया और तब उसने अपना रिवाल्वर निकाला और गोली दाग दी। बस यही सब हुआ। चूँकि गाड़ी स्टेशन पास आने से धीमी हो गई थी, दूसरा हब्शी ट्रेन से कूदकर भाग गया।

फ्रेद

हम उसे जानते हैं। थोड़ा इन्तज़ार कर लेने से उसका कुछ बिगड़ेगा नहीं। *(कुछ समय)* जब तुम्हें ज़ज के सामने पेश किया जाएगा, तब भी तुम यही कहानी सुनाओगी ?

लिज़्ज़ी

पर इससे तुम्हारा क्या वास्ता है ?

फ्रेद

मेरे सवाल का जवाब दो।

लिज़्ज़ी

मैं ज़ज के सामने नहीं जाऊँगी। मैंने तुम्हें बताया ना कि मुझे परेशानियों से नफ़रत है।

फ्रेद

उसके बावजूद भी जाना तो तुम्हें पड़ेगा ही।

लिज़्ज़ी

मैं नहीं जाऊँगी। मैं पुलिस के पचड़े में नहीं पड़ना चाहती।

फ्रेद

पुलिसवाले खुद तुम्हें ढूँढ़ते हुए यहाँ आ पहुँचेंगे।

लिज़्ज़ी

तब मैं उन्हें वही सब बताऊँगी जो मैंने देखा। *(कुछ क्षण)*

फ्रेद

क्या तुम्हें अहसास है कि तुम क्या करने जा रही हो ?

लिज़्ज़ी

क्या करने जा रही हूँ ?

फ्रेद

तुम एक हब्शी के लिए, एक गोरे के खिलाफ गवाही देने जा रही हो।

लिज़्ज़ी

अगर दोषी गोरा है, तो गवाही क्यों ना दूँ ?

फ्रेद

वो दोषी नहीं है।

लिज़्ज़ी

उसने एक आदमी का कत्ल किया है, इसलिए वो दोषी है।

फ्रेद

किस चीज का दोषी ?

लिज़्ज़ी

कत्ल का।

फ्रेद

लेकिन उसने सिर्फ एक हब्शी का कत्ल किया है।

लिज़्ज़ी

तो ?

फ्रेद

अगर किसी हब्शी को मारने पर, हर बार आदमी दोषी होने लगे तो...

लिज़्ज़ी

उसे कोई हक नहीं था।

फ्रेद

कैसा हक ?

लिज़्ज़ी

उसे कोई हक नहीं था।

फ्रेद

तुम हब्शियों की बोली बोल रही हो। *(कुछ समय)* दोषी हो या निर्दोष, तुम अपनी ही जाति के एक आदमी को इस तरह सज़ा नहीं दिला सकतीं।

लिज़्ज़ी

मैं किसी को सज़ा नहीं दिलाना चाहती। लेकिन अगर मुझसे पूछा जाएगा कि मैंने क्या देखा तो मैं वही बताऊँगी। *(कुछ समय, फ्रेद उसकी तरफ बढ़ता है)*

फ्रेद

तुम्हारे और इस हब्शी के बीच क्या चल रहा है ? तुम उसे क्यों बचाना चाहती हो ?

लिज़्ज़ी

मैं तो उसे जानती तक नहीं।

फ्रेद

तो फिर ?

लिज़्ज़ी

मैं सिर्फ सच बयान करना चाहती हूँ।

फ्रेद

सच ! दस डॉलरवाली रंडी सच बोलना चाहती है। कोई सच नहीं है। यहाँ गोरे लोग हैं और यहाँ हब्शी हैं, बस यही सच है। सत्रह हजार गोरे, बीस हजार हब्शी। ये न्यूयार्क नहीं है। हमारे पास मखौल करते, मस्ती करते घूमने का अधिकार नहीं है। *(कुछ क्षण)* तोमा मेरा फुफेरा भाई है।

लिज़्ज़ी

कौन ?

फ्रेद

तोमा ! जिसने कत्ल किया है, वो मेरा फुफेरा भाई है।

लिज़्ज़ी

ओह !

फ्रेद

वो बहुत अच्छे परिवार से है। शायद तुम्हें इस बात से कोई फर्क नहीं पड़ेगा पर वो एक अच्छे परिवार से है।

लिज़्ज़ी

अच्छे परिवार का आदमी ! जो पूरे समय मुझसे चिपका जा रहा था, जिसने मेरे कपड़े उतारने की कोशिश की। जरा उस अच्छे परिवार के आदमी को मेरे सामने तो लाओ। मुझे इस बात की जरा भी हैरानी नहीं कि तुम भी उसी 'अच्छे' परिवार से हो।

फ्रेद

(हाथ उठाता हुआ) ज़लील औरत। *(खुद को रोकता है)* तुम शैतान हो और शैतान के सिर्फ बुराई ही की जा सकती है, भलाई नहीं। उसने तुम्हारे कपड़े उतारे,

उसने एक ग़लीज हब्शी पर गोली चलाई, ठीक किया। इस तरह की बातें बिना सोचे-समझे हो जाती है। इन बातों की कोई अहमियत नहीं। वो एक पैदायशी नेता है, बस इसी बात की अहमियत है।

लिज़्ज़ी

मुमकिन है ऐसा ही हो। पर हब्शी ने कुछ नहीं किया है।

फ्रेद

एक हब्शी ने हमेशा कुछ ना कुछ किया होता है।

लिज़्ज़ी

मैं किसी आदमी को पुलिस के चंगुल में डालनेवाली नहीं।

फ्रेद

हब्शी नहीं तो तोमा ? किसी भी सूरत में तुम्हें एक आदमी की कुर्बानी देनी ही होगी। अब वो आदमी कौन होगा, इसका चुनाव तुम्हें करना है।

लिज़्ज़ी

तो ये बात है ! वाकई में, इस बार मैं गर्दन तक गन्दगी में धँस गई हूँ। *(अपने कंगन से)* मनहूस, सड़ैली चीज़, तुम हमेशा मेरे साथ ऐसा ही करती हो। *(उसे उतारकर फर्श पर फेंक देती है।)*

फ्रेद

तुम्हें कितना पैसा चाहिए ?

लिज़्ज़ी

एक सेंट तक नहीं।

फ्रेद

पाँच सौ डॉलर।

लिज़्ज़ी
एक सेंट भी नहीं।

फ्रेद
पाँच सौ डॉलर कमाने के लिए तुम्हें कई रातें लग जाएँगी।

लिज़्ज़ी
खास तौर पर अगर सिर्फ तुम्हारे जैसे दमड़ी के लिए चमड़ी छोड़नेवालों से सबका पड़ा तो ! *(कुछ क्षण)* तो इसीलिए, कल शाम तुमने मुझे इशारा किया था ?

फ्रेद
औरत।

लिज़्ज़ी
तो ये बात बात थी ! तुमने सोचा होगा, ये ही वो लड़की है। मैं उसके साथ उसके घर जाऊँगा और उससे बातचीत शुरू करूँगा। यही बात थी इसीलिए जब तुम मेरे बदन पर हाथ फेर रहे थे तब तुम्हारे हाथ बर्फ जैसे ठंडे थे। तुम सोच रहे थे कि मैं उससे ये बात शुरू कैसे करूँगा ? *(कुछ क्षण)* पर भले आदमी, अगर तुम सिर्फ ये प्रस्ताव रखने ही यहाँ आए थे तो तुम्हें मेरे साथ सोने की जरूरत तो नहीं थी। तब तुम मेरे साथ क्यों सोए, हरामी, तुम मेरे साथ क्यों सोए ?

फ्रेद
मैं नरक में पड़ूँ अगर मुझे पता हो कि क्यों।

लिज़्ज़ी
(रोते हुए एक कुर्सी पर धम्म से गिर जाती है) हरामी। हरामी।

फ्रेद

पाँच सौ डॉलर ! ये रोना-सिसकना बन्द करो, भगवान मेरे ! पाँच सौ डॉलर ! टसुए बहाना बन्द करो। लिज़्ज़ी, लिज़्ज़ी थोड़ी समझदारी से काम लो ! पाँच सौ डॉलर !

लिज़्ज़ी

(सिसकते हुए) मैं समझदार नहीं हूँ। मुझे तुम्हारे पाँच सौ डॉलर नहीं चाहिए। मैं झूठ बयान नहीं देना चाहती। मैं न्यूयार्क वापस जाना चाहती हूँ, मैं वापस जाना चाहती हूँ। मैं यहाँ से चले जाना चाहती हूँ। *(दरवाजे की घंटी बजती है, वो अचानक ही एकदम चुप हो जाती है, घंटी दोबारा बजती है।)* *(धीमी आवाज़ में)* अब ये कौन आ मरा ? जरा चुप रहो। *(इस बार घंटी देर तक बजती है।)* मैं दरवाजा नहीं खोलूँगी। शान्त रहो। *(दरवाजे पर जोरों की दस्तक)*

एक आवाज़

दरवाजा खोलो, ये पुलिस है।

लिज़्ज़ी

(धीमी आवाज़ में) पुलिसवाले, ये तो होना ही था। *(कंगन की तरफ इशारा करती है)* ये सब इसकी वजह से हो रहा है। *(झुककर उसे उठाती है और दुबारा कलाई में डाल लेती है।)* इसे पहन लेना ही बेहतर रहेगा। तुम छुप जाओ। *(दरवाजे पर दोबारा से जोरों की दस्तक)*

आवाज़

पुलिस।

लिज़्ज़ी

तुम छुप क्यों नहीं रहे ? जाकर गुसलख़ाने में छुप जाओ। *(वो अचल खड़ा रहता है, वो उसे पूरी ताकत से धकेलती है)* जाओ, छुप जाओ, जाओ भी !

आवाज़

तुम यहीं हो, फ्रेद ? फ्रेद ? तुम यहीं हो ?

फ्रेद

मैं यहीं हूँ। *(वो लिज़्ज़ी को दूर धकेलता है, वो उसकी तरफ हैरानी से देखती है)*

लिज़्ज़ी

तो ये बात थी ! *(फ्रेद दरवाजा खोलता है, जाँ और जेम्स भीतर आते हैं)*

दृश्य-3

(वही लोग, जाँ और जेम्स। अन्दर आते समय जाँ और जेम्स ने प्रवेश द्वार खुला ही छोड़ दिया है।)

जाँ

पुलिस। तुम्ही लिज़्ज़ी मैके हो ?

लिज़्ज़ी

(बिना उसकी बात सुने, फ्रेद को देखती रहती है) तो ये बात थी !

जाँ

(उसका कन्धा पकड़कर हिलाते हुए) जब तुमसे बात की जाए तो जवाब दो।

लिज़्ज़ी

क्या ? हाँ, मैं ही हूँ।

जाँ

तुम्हारे कागजात ?

लिज़्ज़ी

(अब तक खुद को सँभाल चुकी है, सख्ती से) आप किस अधिकार से मुझसे पूछताछ कर रहे हैं ? आप मेरे यहाँ क्या करने आए हैं ? *(जाँ सितारानुमा बिल्ला*

दिखाता है) ऐसा बिल्ला तो कोई भी रख सकता है। आप लोग इन जनाब के साथी हैं और आप लोगों ने मुझे ब्लैक मेल करने के लिए आपस में साँठ-गाँठ कर ली है। *(जाँ अपना परिचय पत्र उसकी नाक से सटा देता है)*

जाँ

इसे पहचानती हो ?

लिज़्ज़ी

(जेम्स की तरफ इशारा करते हुए) और ये साहब ?

जाँ

(जेम्स से) अपना परिचय पत्र दिखाओ। *(जेम्स कार्ड दिखाता है, लिज़्ज़ी देखती है, बिना कुछ कहे मेज की तरफ जाती है, इसमें से कागज़ात निकालकर उन्हें देती है) (जेम्स, फ्रेद की तरफ इशारा करते हुए)* कल रात को तुम उसे अपने साथ घर लाई थी ? तुम जानती हो कि वेश्यावृत्ति एक दंडनीय अपराध है ?

लिज़्ज़ी

आपको पूरा यकीन है कि आपको लोगों के घरों में बिना वारंट के घुस आने का अधिकार है ? आपको डर नहीं लगता कि मैं इस बात पर बावेला मचाकर आपके लिए परेशानी खड़ी कर सकती हूँ ?

जाँ

हमारे लिए चिन्ता मत करो। *(कुछ क्षण)* मैंने पूछा कि क्या तुम इस आदमी को अपने साथ, अपने घर लाई थी ?

लिज़्ज़ी

(पुलिसवालों के भीतर आने के समय से ही वो बदल

गई है, वो पहले से ज्यादा सख्त और अशिष्ट हो गई है।) इस बारे में सोचकर अपने दिमाग को कष्ट मत दीजिए। हाँ, मैं उसे अपने साथ अपने घर लाई थी लेकिन मैंने बिना पैसे लिए प्यार किया। इससे आप सोच में पड़ गए, है ना ? अब कहिए ?

फ्रेद
मेज पर जो दस-दस डॉलर के दो नोट पड़े हैं, वो मेरे हैं।

लिज़्ज़ी
ये बात साबित करो।

फ्रेद
(उसकी तरफ बिना देखे, बाकी दोनों से) मैंने ये नोट कल सुबह ही बैंक से निकाले थे, इसी सीरीज के बाकी अट्ठाइस नोटों के साथ। आप बैंक से इनके नम्बरों की जाँच कर सकते हैं।

लिज़्ज़ी
(उग्र होकर) मैंने इन्हें लेने से इनकार कर दिया था। मैंने उसके गन्दे नोटों को लेने से इनकार कर दिया था। मैंने इन्हें उसके मुँह पर दे मारा था।

जाँ
अगर तुमने इन्हें लेने से इनकार कर दिया था तो ये तुम्हारी मेज पर कैसे पड़े हैं ?

लिज़्ज़ी
(थोड़ी चुप्पी के बाद) मैं मारी गई। *(स्तब्ध-सी होकर फ्रेद को देखती है और नर्म आवाज़ में कहती है)* तो ये सब इसलिए था ? *(बाकी दोनों से)* तो फिर ? आप लोग मुझसे क्या चाहते हैं ?

जाँ

बैठ जाओ *(फ्रेद से)* तुमने इसे बता दिया है ना ? *(फ्रेद सिर हिलाकर इशारा करता है)* मैंने कहा, बैठ जाओ। *(उसे एक हत्थेदार कुर्सी में जबर्दस्ती बैठा देता है)* अब सुनो, ज़ज तोमा को छोड़ने के लिए राजी है, बशर्ते कि उसे तुम्हारा लिखित बयान मिल जाए। तुम्हारी तरफ से बयान तैयार कर दिया गया है, तुम्हें सिर्फ दस्तख़त भर करने है। कल तुमसे औपचारिक तौर पर पूछताछ की जाएगी। तुम पढ़ना जानती हो ? *(लिज़्ज़ी कन्धे उचकाती है, वो उसे कागज पकड़ा देता है)* पढ़कर दस्तख़त कर दो।

लिज़्ज़ी

शुरू से आखिर तक सब झूठ है।

फ्रेद

हाँ है, तो फिर ?

लिज़्ज़ी

मैं दस्तख़त नहीं करूँगी।

फ्रेद

इसे ले जाओ। *(लिज़्ज़ी से)* अठारह महीने के लिए अन्दर हो जाओगी।

लिज़्ज़ी

अठारह महीने, ठीक है और बाहर निकलने पर मैं तुम्हारा खून कर दूँगी।

फ्रेद

अगर मेरा बस चलेगा तो ऐसा नहीं होगा। *(दोनों एक दूसरे को देखते है)* आपको न्यूयार्क टेलीग्राम भेजना चाहिए। मेरे ख़याल से वहाँ इसका कुछ झगड़ा-झंझट है।

लिज़्ज़ी

(नजरों में प्रशंसा का भाव लिए) तुम एक औरत की तरह नीच हो, मुझे कभी यकीन नहीं आया होता कि एक आदमी इतना नीचे गिर सकता है।

जाँ

तय कर लो। दस्तख़त करो या मैं तुम्हें जेल लिए चलता हूँ।

लिज़्ज़ी

ले चलो। मैं जेल जाना कहीं अधिक पसन्द करूँगी। मैं झूठ नहीं बोलना चाहती।

फ्रेद

बदज़ात औरत, तुम झूठ नहीं बोलना चाहती, और कल सारी रात तुम और भला क्या कर रही थी ? जब तुम गहरी साँसें भर रही थी, मुझे ये अहसास दिलाने के लिए कि मुझसे तुम्हें सुख मिल रहा था, तब तुम झूठ नहीं बोल रही थीं ?

लिज़्ज़ी

(चुनौतीपूर्ण स्वर में) तुम्हें इसी से तसल्ली होगी, है ना ? नहीं, मैं झूठ नहीं बोल रही थी। *(दोनों एक दूसरे को देखते हैं, फ्रेद नजरें फिरा लेता है।)*

फ्रेद

चलो अब ये किस्सा खत्म करो। ये रहा मेरा पेन। दस्तख़त करो।

लिज़्ज़ी

इसे वाप्स अपनी जेब में रख लो और मेरे दस्तख़त को भूल जाओ। *(कुछ क्षण, तीनों आदमी असमंजस में पड़ जाते हैं।)*

फ्रेद

तो अब नौबत यहाँ तक आ पहुँची है। शहर का सबसे बेहतरीन आदमी और उसकी किस्मत का फैसला इस कमजात औरत की मर्जी पर है। *(कमरे में चहलकदमी करता है, फिर तेजी से लिज़्ज़ी की तरफ वापस आता है)* देखो इसे *(उसे एक तस्वीर दिखाता है)* अपनी बदज़ात ज़िन्दगी में तुमने बहुत से मर्द देखे होंगे। क्या उनमें से बहुत से इसके जैसे दिखते थे ? ये चेहरा देखो, ये ठोडी देखो, उसकी वर्दी पर लगे उसके ये तगमें देखो। नहीं, नहीं; आँखें मत फिराओ। उसे अच्छी तरह से देख लो। तुम्हारा शिकार ये है। तुम्हें उसके चेहरे को अच्छी तरह देखना चाहिए। देख रही हो कि वो कितना कम उम्र, कितना गर्वीला, कितना खूबसूरत दिखता है। चिन्ता मत करो, दस साल बाद जब वो जेल से निकलेगा तो वो बिलकुल बूढ़ा दिखेगा। उसके दाँत और बाल झड़ चुके होंगे। तुम्हें खुशी होनी चाहिए कि तुम बहुत भला काम कर रही हो। अब तक तुम सिर्फ लोगों की जेबों से पैसे चुराती रही पर इस बार तुमने बेहतरीन शिकार चुना और तुम उससे उसकी ज़िन्दगी चुरा रही हो। तुम कुछ कहती क्यों नहीं ? क्या तुम्हारी ज़िन्दगी की ज़लालत तुम्हारी हड्डियों के अन्दर तक पहुँच चुकी है ? *(उसे घुटनों के बल गिरा देता है)* राँड़, उस आदमी की तस्वीर के सामने घुटनों के बल खड़ी हो, जिसकी इज़्ज़त तुम तार-तार करनेवाली हो। *(क्लार्क खुले हुए दरवाजे से अन्दर आता है)*

दृश्य-4

वही लोग, सीनेटर

सीनेटर

उसे छोड़ दो। *(लिज़्ज़ी से)* उठ जाओ।

फ्रेद

हैलो !

जाँ

हैलो !

सीनेटर

हैलो ! हैलो !

जाँ

(लिज़्ज़ी से) हैलो !

लिज़्ज़ी

हैलो !

सीनेटर

अब हम लोगों का परिचय हो चुका है। बढ़िया है। *(लिज़्ज़ी को देखता है)* तो ये ही वो युवती है। ये तो बहुत दयालु दिखती है।

फ्रेद

ये दस्तख़त नहीं कर रही।

सीनेटर

वो पूरी तरह सही है। बिना अधिकार के आप उसके घर के भीतर घुस आए *(जाँ विरोध दर्शाता है, सीनेटर अपनी बात पर जोर देते हुए)* बिना किसी अधिकार के। आप उससे दुर्व्यवहार कर रहे हैं और आप उससे उसकी अन्तर्आत्मा की आवाज़ के खिलाफ बयान लेना चाहते है। ये तो अमेरिका के तौर-तरीके नहीं हैं। क्या हब्शी ने आपसे बलात्कार किया था, मेरी बच्ची ?

लिज़्ज़ी

नहीं।

सीनेटर

अच्छा। सब कुछ स्पष्ट हो गया। मेरी आँखों में देखो। *(उसकी तरफ देखता है)* मुझे यकीन है कि वो झूठ नहीं बोल रहीं। *(कुछ क्षण)* बेचारी मैरी *(बाकियों से)* आओ लड़को, चलें। अब यहाँ हमारे करने को कुछ नहीं बचा। अब सिर्फ कुमारी मैके से माफी माँगना ही बाकी बचा है।

लिज़्ज़ी

मैरी कौन है ?

सीनेटर

मैरी ? वो मैरी तो मेरी बहन है। उस अभागे तोमा की माँ, एक भली-सी, बूढ़ी औरत जो इस सदमे को झेल नहीं पाएगी। अलविदा, मेरी बच्ची।

लिज़्ज़ी

(घुटी-सी आवाज़ में) सीनेटर !

सीनेटर

हाँ, मेरी बच्ची !

लिज़्ज़ी

मुझे अफसोस है।

सीनेटर

तुमने सिर्फ सच कहा है, इसमें भला अफसोस करने की क्या बात है ?

लिज़्ज़ी

मुझे अफसोस है कि सच...कि सच ऐसा है।

सीनेटर

न तो मैं, और न तुम ही, हम दोनों में से कोई भी इस मामले में कुछ नहीं कर सकता और किसी को भी तुमसे झूठी गवाही देने को कहने का कोई हक नहीं है। *(कुछ क्षण)* नहीं, उसके बारे में मत सोचो।

लिज़्ज़ी

किसके बारे में ?

सीनेटर

मेरी बहन के बारे में। तुम अभी उसके बारे में नहीं सोच रही थी ?

लिज़्ज़ी

हाँ, मैं उन्हीं के बारे में सोच रही थी।

सीनेटर

मैं तुम्हारे आर-पार देख सकता हूँ, मेरी बच्ची। मैं तुम्हें बताऊँ कि इस समय तुम्हारे दिमाग में क्या चल रहा है ? *(लिज़्ज़ी की नकल उतारता है)* 'अगर मैं दस्तख़त करती हूँ तो सीनेटर अपनी बहन के घर जाएँगे और

उनसे कहेंगे कि लिज़्ज़ी मैके एक भली लड़की है, उसी ने तुम्हें तुम्हारा बेटा लौटाया है।' और वो, रोते-रोते मुस्कुरा देगी और कहेगी 'लिज़्ज़ी मैके ? मैं ये नाम कभी नहीं भूलूँगी' एक सीधी-सादी छोटी-सी बूढ़ी औरत अपने बड़े से घर में, मेरे बारे में सोचेगी। एक अमेरिकी माँ मुझे अपने दिल में जगह देगी, मुझे, जिसका कोई परिवार नहीं है, जिसे किस्मत ने समाज-बाहर कर रखा है,' बेचारी लिज़्ज़ी, इस बारे में और ज्यादा मत सोचिए।

लिज़्ज़ी

उनके बाल सफेद हैं ?

सीनेटर

पूरे सफेद। पर उसका चेहरा अभी तक पहले-सा ही जवान है। काश कि आप उसकी मुस्कान देख पातीं। अब वो दोबारा कभी नहीं मुस्कुराएगी। अलविदा, कल आप अपना सच जज को बता देगीं।

लिज़्ज़ी

आप जा रहे हैं ?

सीनेटर

हाँ, क्यों ? मैं उसके घर जा रहा हूँ। उसे हमारी बातचीत के बारे में तो बताना ही पड़ेगा।

लिज़्ज़ी

वो जानती हैं कि आप यहाँ हैं ?

सीनेटर

उसी की अनुरोध पर तो मैं यहाँ आया था।

लिज़्ज़ी

भगवान मेरे ! और वो आपका इन्तज़ार कर रही होंगी

ना ? और आप जाकर उन्हें बताएँगे कि मैंने दस्तख़त करने से इनकार कर दिया है। वो मुझसे कितनी नफ़रत करेंगी।

सीनेटर

(अपने हाथ उसके कन्धों पर रखते हुए) मेरी बेचारी बच्ची। मैं आपकी परिस्थितियों में होना पसन्द नहीं करूँगा।

लिज़्ज़ी

मैं कहाँ फँस गई। *(अपने कंगन से)* सत्यानाशी, मनहूस ! ये सब तुम्हारी वजह से हो रहा है।

सीनेटर

क्या ?

लिज़्ज़ी

कुछ नहीं। *(कुछ क्षण)* इन हालातों में तो, हब्शी ने मुझसे बलात्कार कर ही दिया होता तो बेहतर रहता।

सीनेटर

(भावनात्मक होकर) मेरी बच्ची।

लिज़्ज़ी

(दुःखी स्वर में) इससे आपको भी खुशी होती और मुझे भी इतनी परेशानी नहीं होती।

सीनेटर

धन्यवाद। *(कुछ क्षण)* काश कि मैं आपकी कुछ मदद कर पाता। *(कुछ क्षण)* पर अफसोस, सच तो सच ही है।

लिज़्ज़ी

(दुःखी स्वर में) जी हाँ।

सीनेटर
और सच यही है कि हब्शी ने आपसे बलात्कार नहीं किया।

लिज़्ज़ी
(दुःखी स्वर में ही) जी हाँ। नहीं किया।

सीनेटर
हाँ। *(कुछ क्षण)* जाहिर है कि यह सवाल मूलभूत सच का है।

लिज़्ज़ी
(समझ न पाते हुए) मूलभूत सच ?

सीनेटर
हाँ, मेरा मतलब है, मैं एक लोकप्रिय सच कहना चाहता हूँ जो लोगों को कहीं ज्यादा आराम से हज़म हो जाएगा।

लिज़्ज़ी
लोकप्रिय सच ? क्या ये सच, सच नहीं है ?

सीनेटर
है, बिलकुल है। लेकिन सच की भी कई किस्में होती हैं।

लिज़्ज़ी
आपको लगता है कि हब्शी ने मुझसे बलात्कार किया है ?

सीनेटर
नहीं, नहीं। उसने आपसे बलात्कार नहीं किया। एक नज़रिए से देखा जाए तो उसने आपसे बलात्कार बिलकुल नहीं किया। आप जानती हैं कि मैं एक बूढ़ा आदमी हूँ जिसने काफी लम्बी ज़िन्दगी जी है और

बहुत-सी गलतियाँ भी की है पर पिछले कुछ सालों से मैंने गलतियाँ करना कुछ कम कर दिया है। और इस पूरे मसले पर मेरे ख़यालात आपसे कुछ जुदा हैं।

लिज़्ज़ी

जैसे कि...

सीनेटर

कैसे समझाऊँ ? सुनिए। मान लीजिए कि अचानक ही अंकल सैम आपके सामने आ खड़े हों तो आपको क्या लगता है कि वो आपसे क्या कहेंगे ?

लिज़्ज़ी

(डर जाती है) मुझे नहीं लगता कि उनके पास मुझसे कहने को बहुत कुछ होगा।

सीनेटर

आप कम्यूनिस्ट हैं ?

लिज़्ज़ी

कितना डरावना ख़याल है। नहीं, बिलकुल नहीं।

सीनेटर

तब उनके पास आपसे कहने को बहुत कुछ होगा। वो आपसे कहेंगे 'लिज़्ज़ी, आज तुम उस मुकाम पर आ खड़ी हुई हो जहाँ तुम्हें मेरे दो बेटों में से एक को चुनना है। दोनों में से जो बेहतर हो, उसे ही बचाना चाहिए, चलो तय करते हैं कि दोनों में से कौन बेहतर है। करें ?'

लिज़्ज़ी

बिलकुल। ओह ! माफ कीजिए, पर मुझे लगा कि ये बातें आप कर रहे हैं।

सीनेटर

मैं अंकल सैम की तरफ से, ये बातें कर रहा हूँ। *(पहले जैसे स्वर में)* 'लिज़्ज़ी जिस हब्शी को तुम बचा रही हो, उसकी ज़िन्दगी के क्या मायने है ? वो यूँ ही संयोग से पैदा हो गया, भगवान ही जानता है कि कहाँ। मैंने उसकी परिवरिश की और बदले में, वो मेरे लिए क्या कर रहा है ? कुछ भी नहीं। वो ज़िन्दगी को घसीट भर रहा है। वो निठल्ला घूमता है, छोटी-मोटी चोरियाँ करता है, गाने गाता है, गुलाबी और हरे सूट खरीदता है। वो भी मेरा ही बेटा है और वो भी मुझे अपने बाकी बेटों जितना ही प्यारा है, पर मैं तुमसे पूछता हूँ : क्या वो इंसान की ज़िन्दगी जी रहा है ? शायद उसकी मौत का भी मुझे पता चले।'

लिज़्ज़ी

आप कितना अच्छा बोलते हैं।

सीनेटर

(अपनी बात आगे बढ़ाते हुए) 'और दूसरी तरफ है, तोमा जिसने एक हब्शी को मार दिया है, बहुत बुरा किया पर मुझे उसकी जरूरत है। वो पूरा सौ प्रतिशत अमेरीकी है, हमारे सबसे पुराने परिवारों में से एक का वंशज। वो हार्वर्ड में पढ़ा है, वो अफसर है, मुझे अफसरों की जरूरत है—उसकी फैक्ट्री में दो हजार मजदूर काम करते हैं, अगर वो मर जाता है तो दो हजार लोग बेराजगार हो जाएँगे। वो नायक है—साम्यवाद, यूनियनबाज़ी, यहूदियों के खिलाफ एक मजबूत दीवार। जीना उसका कर्तव्य है और उसकी ज़िन्दगी बचाना तुम्हारा कर्तव्य है। बस इतनी-सी बात है। अब चुनाव करो !'

लिज़्ज़ी

आप कितना अच्छा बोलते हैं !

सीनेटर

चुनो।

लिज़्ज़ी

(उछल पड़ती है) क्या ? अ...हाँ। *(कुछ समय)* आपने मुझे उलझा दिया है। मुझे तो ये भी पता नहीं कि मैं इस वक्त हूँ कहाँ ?

सीनेटर

लिज़्ज़ी, मेरी तरफ देखो, क्या आप मेरा यकीन करती हैं ?

लिज़्ज़ी

जी हाँ, सीनेटर।

सीनेटर

आपको लगता है कि मैं आपको गलत काम करने की सलाह दे सकता हूँ ?

लिज़्ज़ी

जी नहीं, सीनेटर।

सीनेटर

तो दस्तख़त कर दीजिए। ये रही मेरी कलम।

लिज़्ज़ी

आपको लगता है कि वो मुझसे खुश होंगी ?

सीनेटर

कौन ?

लिज़्ज़ी

आपकी बहन।

सीनेटर

वो बिना सामने आए, दूर से ही आपको अपनी बेटी की तरह चाहेगी।

लिज़्ज़ी

शायद वो मेरे लिए कुछ फूल भेजेंगी ?

सीनेटर

मुमकिन है।

लिज़्ज़ी

या शायद उनके दस्तख़त वाली उनकी तस्वीर।

सीनेटर

बहुत मुमकिन है।

लिज़्ज़ी

मैं उसे दीवार पर टाँगूँगी। *(कुछ क्षण वो बेचैन होकर चहलकदमी करती है।)* कहाँ फँस गई ! *(सीनेटर की तरफ आती है)* और अगर मैं दस्तख़त कर दूँ तो आप उस हब्शी को क्या करेंगे ?

सीनेटर

वो हब्शी ? उँह *(उसे कन्धे से पकड़ता है)* अगर तुम दस्तख़त कर देती हो तो पूरा शहर तुम्हें अपना लेगा, पूरा शहर, शहर की सभी माँएँ।

लिज़्ज़ी

पर...

सीनेटर

तुम्हें लगता है कि एक पूरा शहर गलती कर सकता है ? एक पूरा शहर, उसके सभी पादरी और पुरोहित, उसके डॉक्टर, वकील, उसके कलाकार, उसका मेयर, उसके सलाहकार और उसकी सारी परोपकारी संस्थाएँ।

क्या तुम्हें सचमुच ऐसा लगता है कि ये सब गलती कर रहे हैं ?

लिज़्ज़ी

नहीं, नहीं, नहीं।

सीनेटर

मुझे अपना हाथ दो *(जबर्दस्ती उसके दस्तख़त करवाता है)* ये बात हुई। मैं अपनी बहन की तरफ से, अपने भाँजे की तरफ से, हमारे शहर के सत्रह हजार गोरों की तरफ से, अंकल सैम की तरफ से और अमेरिका की तरफ से, जिसका मैं यहाँ प्रतिनिधित्व करता हूँ, इन सबकी तरफ से तुम्हारा धन्यवाद करता हूँ। *(उसका माथा चूमता है)* तुम सब लोग, मेरे साथ आओ। *(लिज़्ज़ी से)* हमें अभी एक दूसरे से बहुत-सी बातें करनी हैं। मैं शाम को फिर आऊँगा। *(जाता है)*

फ्रेद

(बाहर जाते हुए) अलविदा लिज़्ज़ी।

लिज़्ज़ी

अलविदा *(वो लोग बाहर निकलते हैं। वो वहीं मन पर बोझ-सा लिये खड़ी रहती है फिर तेजी से दरवाजे की तरफ जाती है)* सीनेटर, मैं ऐसा करना नहीं चाहती। उस कागज़ को फाड़ दीजिए। सीनेटर मैं ऐसा नहीं चाहती। उस कागज़ को फाड़ दीजिए *(मंच पर वापस आती है। मशीनी ढंग से वैक्यूम क्लीनर उठाती है।)* अंकल सैम और अमेरिका ! *(प्लग लगाती है)* लगता है कि उन्होंने मुझे ठग लिया। *(गुस्से में भरकर वैक्यूम क्लीनर को आगे-पीछे घुमाने लगती है।)* (पर्दा *गिरता है)*

द्वितीय : अंक

दृश्य-1

लिज़्ज़ी, सीनेटर और छुपा हुआ हब्शी

(वही साज-सज्जा, बारह घंटे बाद का दृश्य। लैम्प जला दिए गए हैं। खुली खिड़कियों से दिखता रात का अँधेरा। बाहर शोर-शराबा है, जो बढ़ता जाता है। हब्शी खिड़की पर प्रकट होता है, चौखट पर चढ़कर खाली कमरे में कूदता है। मंच के बीचोबीच तक पहुँचता है तभी दरवाजे पर घंटी बजती है। वो एक पर्दे के पीछे छुप जाता है। लिज़्ज़ी गुसलख़ाने से निकलती है, प्रवेश द्वार तक जाती है और उसे खोलती है।)

लिज़्ज़ी

आइए *(सीनेटर भीतर आता है)* तब फिर ?

सीनेटर

तोमा अपनी माँ की बाँहों में है। मैं आपको उनकी तरफ से आभार प्रकट करने आया हूँ।

लिज़्ज़ी

वो खुश हैं ?

सीनेटर

बेहद खुश।

लिज़्ज़ी

वो रोई थीं ?

सीनेटर

रोएगी क्यों भला ? वो एक बहादुर औरत है।

लिज़्ज़ी

आपने कहा था कि वो रो रही थी।

सीनेटर

ये बात कहने का एक ढंग भर था।

लिज़्ज़ी

उन्हें इसकी उम्मीद नहीं थी ना ? उन्होंने सोचा होगा कि मैं एक बुरी लड़की हूँ और मैं हब्शी के पक्ष में गवाही दूँगी।

सीनेटर

उसने अपने आप को भगवान की दया पर छोड़ दिया था।

लिज़्ज़ी

वो मेरे बारे में क्या सोचती हैं ?

सीनेटर

वो आपको धन्यवाद देती है, आपका आभार मानती है।

लिज़्ज़ी

उन्होंने आपसे पूछा नहीं कि मैं कैसी दिखती हूँ ?

सीनेटर

नहीं।

लिज़्ज़ी

क्या वो मुझे एक अच्छी लड़की मानती है ?

सीनेटर

वो सोचती है कि आपने अपना कर्तव्य निभाया।

लिज़्ज़ी

अह...हाँ।

सीनेटर

वो उम्मीद करती है कि आप आगे भी अपना कर्तव्य निभाना जारी रखेंगी।

लिज़्ज़ी

जी हाँ, जी हाँ...

सीनेटर

मुझे देखिए, लिज़्ज़ी *(उसे कन्धों से पकड़ता है)* आप अपना कर्तव्य निभाना जारी रखेंगी ना ? आप उसे निराश तो नहीं करेंगी ?

लिज़्ज़ी

चिन्ता मत करिए। अब मैं अपनी बात से पीछे नहीं हट सकती, वो लोग मुझे जेल में ठूँस देंगे। *(कुछ क्षण)* ये चीखें कैसी हैं ?

सीनेटर

कुछ नहीं, यूँ ही।

लिज़्ज़ी

मैं इन्हें और ज्यादा बर्दाश्त नहीं कर सकती। *(खिड़की बन्द करने जाती है)* सीनेटर ?

सीनेटर

हाँ, मेरी बच्ची ?

लिज़्ज़ी

आपको यकीन है कि हमसे कोई गलती नहीं हुई ? कि मैंने वही किया जो मुझे करना चाहिए था ?

सीनेटर

पूरा यकीन है।

लिज़्ज़ी

मैं खुद को पहचान नहीं पा रही हूँ। आपने मुझे भ्रमित कर दिया, मेरी समझ के लिहाज से आपकी सोच की गति बहुत तेज है। क्या समय हुआ है ?

सीनेटर

ग्यारह बजे हैं।

लिज़्ज़ी

सुबह होने में अभी आठ घंटे बाकी है। मुझे लगता नहीं कि मैं आज रात पलक भी झपका पाऊँगी। *(कुछ क्षण)* ये रातें भी दिनों की तरह ही गर्म हैं। *(कुछ क्षण)* और वो हब्शी ?

सीनेटर

कौन-सा हब्शी ? ओह हाँ, वो लोग उसे तलाश रहे हैं।

लिज़्ज़ी

वो लोग उसके साथ क्या करेंगे ? *(सीनेटर कन्धे उचकाता है, शोर-शराबा बढ़ जाता है, लिज़्ज़ी खिड़की के तरफ जाती है)* ये कैसा शोर-शराबा है ? नीचे मशालें और कुत्ते लिये हुए आदमी घूम रहे हैं। क्या ये कोई मशालोंवाला जुलूस निकाल रहे हैं ? या फिर...सीनेटर, ये सब क्या है ? मुझे बताइए कि ये सब क्या है ?

सीनेटर

(अपनी जेब से एक लिफाफा निकालते हुए) मेरी बहन ने मुझे इसे आपको सौंपने को कहा था।

लिज़्ज़ी

(जीवन्तता से) उन्होंने मुझे चिट्ठी लिखी है ? *(लिफाफा फाड़ती है, इसमें से सौ डॉलर का एक नोट निकालती है, लिफाफे में कोई चिट्ठी ढूँढ़ती है। कुछ नहीं मिलता तो लिफाफे को मसोस कर जमीन पर फेंक देती है। उसका सुर बदल जाता है)* सौ डॉलर। आपको खुश होना चाहिए : आपके बेटे ने मुझसे पाँच सौ डॉलर का वादा किया था, आपने काफी बड़ी बचत कर ली।

सीनेटर

मेरी बच्ची।

लिज़्ज़ी

अपनी बहन को धन्यवाद कहिएगा। उनसे कह दीजिएगा कि मुझे कोई फूलदान या नायलोन के लम्बे मोजे या कुछ भी ऐसा अधिक पसन्द आता जिसे उन्होंने खुद चुनने की तकलीफ उठाई होती। ज़ज़्बे की ही अहमियत है, चीज की नहीं। है ना ? *(कुछ क्षण)* आपने मुझे बड़ी खूबसूरती से बेवकूफ बनाया। *(दोनों एक दूसरे को देखते हैं, सीनेटर उसके पास आता है।)*

सीनेटर

मैं आपको धन्यवाद देता हूँ, मेरी बच्ची, आइए हम ज़रा आराम से एक दूसरे से बातचीत करें। आप एक नैतिक संकट से गुजर रहे हैं और आपको मेरे सहारे की जरूरत है।

लिज़्ज़ी

इसकी बजाय मुझे रोकड़े की कहीं अधिक जरूरत है पर मुझे लगता है कि आप और मैं, हम एक दूसरे को समझ जाएँगे। *(कुछ क्षण)* अब तक मैं बूढ़ों को पसन्द करती थी क्योंकि वो बड़े इज़्ज़तदार लगते थे पर अब मुझे लगने लगा है कि वो तो बाकियों से भी कहीं ज्यादा धूर्त होते हैं।

सीनेटर

धूर्त ! काश कि मेरे साथी आपकी बात सुन पाते। जानती हैं आपमें एक प्राकृतिक आकर्षण है। कुछ ऐसा खास, जिसे आपकी ज़िन्दगी की अव्यवस्था खत्म नहीं कर पाई है। *(उसे सहलाता है)* हाँ, हाँ, कुछ खास। *(वो निश्चेष्ट खड़ी, घृणा भरी नजरों से देखते हुए, उसे सहलाने देती है।)* मैं फिर आऊँगा, मुझे छोड़ने आने की तकलीफ मत उठाओ। *(वो बाहर जाता है, लिज़्ज़ी अपनी जगह पर जमी खड़ी रहती है। वो नोट को मसोसकर फर्श पर फेंक देती है। एक हत्थेदार कुर्सी में धम्म से ढह जाती है और फूट-फूट कर रोने लगती है। बाहर, शोर करीब आता है। दूर कहीं गोलियों की आवाज। हब्शी अपने छुपने की जगह से बाहर आकर उसके सामने खड़ा हो जाता है। वो सिर उठाती है और एक चीख मारती है।)*

दृश्य-2

लिज़्ज़ी, हब्शी

लिज़्ज़ी

ओह। *(कुछ क्षण, वो उठती है)* मुझे यकीन था कि तुम वापस आओगे, मुझे पूरा यकीन था। तुम भीतर कैसे आए ?

हब्शी

खिड़की से।

लिज़्ज़ी

क्या चाहते हो ?

हब्शी

मुझे छुपा लीजिए।

लिज़्ज़ी

मैं तुम्हें पहले ही मना कर चुकी हूँ।

हब्शी

आप उनकी आवाजें सुन रही है, मैडम ?

लिज़्ज़ी

हाँ, सुन रही हूँ।

हब्शी

शिकार शुरू हो चुका है।

लिज़्ज़ी

कैसा शिकार ?

हब्शी

हब्शी का शिकार ?

लिज़्ज़ी

ओह। *(एक लम्बा अन्तराल)* तुम्हें यकीन है कि उन्होंने तुम्हें भीतर आते देखा नहीं है।

हब्शी

हाँ, पूरा यकीन है।

लिज़्ज़ी

अगर वो तुम्हें पकड़ ले तो वो तुम्हारे साथ क्या करेंगे ?

हब्शी

पेट्रोल।

लिज़्ज़ी

क्या मतलब ?

हब्शी

पेट्रोल। *(इशारे से खुलासा करता है।)* और फिर आग लगा देंगे।

लिज़्ज़ी

अच्छा *(खिड़की की तरफ जाती है और पर्दे खींचती है)* बैठ जाओ *(हब्शी एक कुर्सी पर ढह-सा पड़ता है)* तुम्हें मेरे ही यहाँ आना था। तुम्हारे साथ मेरा ये झंझट कभी खत्म होगा भी या नहीं ? *(उसकी तरफ जाती*

है, हाव-भाव में तकरीबन धमकी-सी भरी है। मुझे परेशानियों से सख्त नफरत है, समझे तुम ?) (पैर पटकती है) नफरत है, नफरत है।

हब्शी

उन्हें लगता है मैडम कि मैंने आपको नुकसान पहुँचाया है।

लिज़्ज़ी

तो ?

हब्शी

वो मुझे ढूँढ़ने यहाँ नहीं आएँगे।

लिज़्ज़ी

तुम्हें पता है कि वो तुम्हारा शिकार क्यों कर रहे हैं ?

हब्शी

क्योंकि उन्हें लगता है कि मैंने आपको नुकसान पहुँचाया है।

लिज़्ज़ी

जानते हो कि ये बात उनसे किसने कही ?

हब्शी

नहीं।

लिज़्ज़ी

मैंने। *(एक लम्बी चुप्पी, हब्शी उसे देखता है)* तुम इस बारे में क्या सोचते हो ?

हब्शी

आपने ऐसा क्यों किया मैडम ? ओह ! आपने ऐसा क्यों किया ?

लिज़्ज़ी

मैं भी खुद से यही सवाल कर रही हूँ।

हब्शी

वो लोग दया नहीं दिखाएँगे, वो मेरी आँखों पर चाबुक मारेंगे। वो मेरे ऊपर अपने पेट्रोल के पीपे उँड़ेल देंगे। ओह ! आपने ऐसा क्यों किया ? मैंने तो आपका कुछ नहीं बिगाड़ा।

लिज़्ज़ी

बिलकुल बिगाड़ा है। तुम्हें पता नहीं कि तुमने मुझे किस हद तक नुकसान पहुँचाया है। *(कुछ क्षण)* क्या तुम्हारी मेरा गला घोटने की इच्छा नहीं हो रही ?

हब्शी

वो, अक्सर लोगों को उनकी सोच के बिलकुल उल्टी बातें कहने पर मजबूर कर देते हैं।

लिज़्ज़ी

हाँ अक्सर ही। और जब वो लोगों को मजबूर नहीं कर पाते तो वो उन्हें अपनी शहद भरी बातों से भरमा देते हैं। *(कुछ क्षण)* तब फिर ? तुम मेरा गला नहीं घोटना चाहते ? तुम भले आदमी हो। *(कुछ क्षण)* मैं तुम्हें कल रात तक यहाँ छुपा लूँगी। *(वो आगे बढ़ता है)* मुझे छुओ मत। मुझे हब्शी पसन्द नहीं। *(बाहर चीखें और गोलियों की आवाजें)* वो लोग करीब आ रहे हैं। *(खिड़की की तरफ जाती है, पर्दे हटाकर गली में झाँकती है)* हम लोग बुरी तरह घिर गए है।

हब्शी

वो क्या कर रहे हैं ?

लिज़्ज़ी

उन्होंने गली के दोनों सिरों पर पहरेदार बिठा दिए हैं। और वो सब घरों की तलाशी ले रहे हैं। तुम्हें भी यहीं आकर मरना था। जरूर किसी ने तुम्हें इस गली में घुसते हुए देखा होगा। *(दोबारा देखती है)* ये लो, अब हमारी बारी है। वो लोग ऊपर आ रहे हैं।

हब्शी

कितने लोग हैं ?

लिज़्ज़ी

पाँच या छह। बाकी नीचे ही इन्तज़ार कर रहे हैं। *(उसकी तरफ आती है)* काँपो मत, भगवान के लिए इस तरह मत काँपो। *(अपने कंगन से)* मनहूस साँप। *(इसे फर्श पर पटक कर पाँव से कुचलती है।) (हब्शी से)* तुम्हें भी यहीं आकर मरना था *(वो उठकर बाहर जाने लगता है)* रुको, बाहर निकले नहीं कि तुम्हारा किस्सा खत्म।

हब्शी

छतों से होकर...

लिज़्ज़ी

इस चाँदनी रात में ? अगर छलनी बनने का शौक हो, तभी ऐसी कोशिश करना। *(कुछ समय)* रुको। यहाँ पहुँचने से पहले उन्हें दो और मंजिलों की तलाशी लेनी होगी। मैंने तुमसे कहा ना कि काँपो मत *(लम्बी चुप्पी, वो कमरे में बेचैन होकर चहलकदमी करती है। हब्शी अपनी कुर्सी में ही मुर्दा-सा पड़ा है)* तुम्हारे पास कोई हथियार है ?

हब्शी

ओह ! नहीं तो।

लिज़्ज़ी

अच्छा ठीक है *(एक दराज में से खोजकर एक रिवाल्वर निकालती है)*

हब्शी

आप क्या करना चाहती हैं, मैडम ?

लिज़्ज़ी

मैं दरवाजा खोलकर उनसे भीतर आने का अनुरोध करूँगी। सफेद बालोंवाली बूढ़ी माँओं, युद्ध नायकों और अमेरीका राष्ट्र के किस्सों से वो मुझे पच्चीस सालों से बेवकूफ बनाते रहे हैं पर अब बात मेरी समझ में आ गई है। अब इसके बाद वो मुझे दुबारा अपने जाल में नहीं फँसा सकेंगे। मैं दरवाजा खोलूँगी और उनसे कहूँगी 'वो यहीं है। वो यहीं है पर उसने कुछ नहीं किया है, मुझसे जबर्दस्ती गलतबयानी करवाई गई है। मैं भगवान की कसम खाकर कहती हूँ कि उसने कुछ नहीं किया।'

हब्शी

वो आपकी बात का यकीन नहीं करेंगे।

लिज़्ज़ी

मुमकिन है। मुमकिन है कि वो मेरा यकीन न करें। तब तुम इस रिवाल्वर से उन पर निशाना साधोगे और अगर वो वापस नहीं गए तो तुम उन पर गोली चला दोगे।

हब्शी

उनके बाद और लोग आ जाएँगे।

लिज़्ज़ी

तुम्हें उन्हें भी उड़ा देना होगा। और अगर सीनेटर का लड़का दिखे तो कोशिश करना कि तुम्हारा निशाना न चूके। ये सारी खिचड़ी उसी की पकाई हुई है। हम लोग घिर चुके हैं, है ना ? तुम्हें बता दूँ कि वैसे भी ये हमारा आखिरी किस्सा होगा क्योंकि अगर उन्होंने तुम्हें मेरे घर में पाया तो वो मेरे जिस्म का एक अंग भी साबुत नहीं छोड़ेंगे। बेहतर यही होगा कि उनमें से ज्यादा से ज्यादा लोगों को साथ लेकर मरा जाए। *(उसे रिवाल्वर पकड़ाती है)* ये लो। मैंने कहा, इसे अपने पास रखो।

हब्शी

मैं ऐसा नहीं कर सकता, मैडम ?

लिज़्ज़ी

क्या ?

हब्शी

मैं गोरों पर गोली नहीं चला सकता।

लिज़्ज़ी

सचमुच ? पर वो लोग इतनी दया नहीं दिखानेवाले।

हब्शी

वो गोरे लोग हैं, मैडम।

लिज़्ज़ी

तो उससे क्या ? सिर्फ गोरे होने से उन्हें सुअर की तरह तुम्हें हलाल करने का हक मिल गया ?

हब्शी

वो गोरे लोग हैं।

लिज़्ज़ी

मूर्ख। तुम भी मेरी तरह ही नाकारा हो। ठीक है, अगर सब इस बात पर राजी हैं तो मुझे ही क्या पड़ी है ?

हब्शी

गोली आप ही क्यों नहीं चलातीं, मैडम ?

लिज़्ज़ी

मैंने अभी कहा ना कि मैं भी नाकारा हूँ। *(सीढ़ियों में कदमों की आवाज़)* वो लोग आ पहुँचे। *(थोड़ा हँसती है)* वाह, क्या हालात हैं ! *(कुछ क्षण)* जाकर गुसलख़ाने में छुप जाओ और हिलना मत, साँस लेने की आवाज़ भी न आने पाए। *(हब्शी गुसलख़ाने में जाकर छुप जाता है, लिज़्ज़ी इन्तज़ार करती है। घंटी की आवाज़। वो अपने सीने पर सलीब का निशान बनाती है, कंगन उठाती है और जाकर दरवाजा खोलती है। दरवाजे पर बन्दूकें लिए हुए आदमी खड़े हैं।)*

दृश्य-3

लिज़्ज़ी, तीन आदमी

पहला आदमी

हमें एक हब्शी की तलाश है।

लिज़्ज़ी

कौन-सा हब्शी ?

पहला आदमी

वही जिसने ट्रेन में एक गोरी औरत से बलात्कार किया और सीनेटर के भाँजे को उस्तरे से घायल किया।

लिज़्ज़ी

भगवान मेरे, उसकी तलाश कम से कम मेरे यहाँ तो नहीं ही की जानी चाहिए ? आप मुझे पहचानते नहीं हैं ?

दूसरा आदमी

हाँ, हाँ। मैंने परसों आपको ट्रेन से उतरते देखा था।

लिज़्ज़ी

बढ़िया। उसने जिससे बलात्कार किया था, वो मैं ही थी। आप समझ रहे हैं ना ? *(सनसनी फैल जाती है,*

वो उसे हैरानी, ख्वाहिश और एक तरह के भय से भरकर देखते हैं। थोड़ा पीछे हटते हैं। रिवाल्वर दिखाते हुए) अगर वो यहाँ आया तो इसका मज़ा चख लेगा। *(वो लोग हँसते हैं)*

एक आदमी

आपकी, उसे फाँसी पर लटकते देखने की इच्छा नहीं है ?

लिज़्ज़ी

जब आप उसे ढूँढ़ लें तो मुझे बुला ले जाइएगा।

एक आदमी

इसमें बहुत देर नहीं लगेगी, प्यारी।

दूसरा आदमी

हमें पता है कि वो इसी गली में कहीं छुपा है।

लिज़्ज़ी

किस्मत आप पर मेहरबान हो। *(वो लोग बाहर जाते हैं, वह दरवाजा बन्द करती है और रिवाल्वर मेज पर रख देती है।)*

दृश्य-4

लिज़्ज़ी, बाद में हब्शी

लिज़्ज़ी

अब तुम बाहर आ सकते हो। *(हब्शी बाहर आता है, घुटनों के बल झुकता है और उसकी पोशाक की किनारी चूमता है)* मैंने तुमसे कहा था ना कि मुझे छुओ मत। *(उसे देखती है)* तुम भी बड़े अजीब किस्म के जानवर हो कि पूरा का पूरा शहर तुम्हारे पीछे पड़ा है।

हब्शी

मैंने कुछ नहीं किया, मैडम, आप ये बात अच्छी तरह जानती हैं।

लिज़्ज़ी

उनका कहना है कि एक हब्शी ने हमेशा कुछ ना कुछ किया होता है।

हब्शी

मैंने कभी कुछ नहीं किया, कभी नहीं, कभी भी नहीं।

लिज़्ज़ी

(अपने माथे पर हाथ फिराती है।) मुझे पता नहीं कि मैं कहाँ हूँ। *(कुछ क्षण)* फिर भी एक पूरा शहर, पूरी तरह से गलत नहीं हो सकता। *(कुछ क्षण)* क्या बकवास है। मुझे तो अब भी कुछ समझ नहीं आ रहा है।

हब्शी

ऐसा ही होता है मैडम, गोरे लोगों के साथ हमेशा ऐसा ही होता है।

लिज़्ज़ी

तुम खुद भी अपने आपको दोषी महसूस कर रहे हो ?

हब्शी

हाँ, मैडम।

लिज़्ज़ी

और तुमने कुछ किया भी नहीं है ?

हब्शी

नहीं मैडम।

लिज़्ज़ी

पर उनमें ऐसी क्या बात है कि लोग हमेशा उनका ही साथ देते हैं।

हब्शी

वो गोरे लोग हैं।

लिज़्ज़ी

गोरी तो मैं भी हूँ। *(कुछ क्षण, बाहर कदमों की आवाज़ आती है।)* वो लोग वापस नीचे जा रहे हैं *(वो सहज रूप से, अनजाने ही उसके पास आ जाती है। वो काँप रहा है पर वो अपनी बाँह उसके कन्धों पर लिपटा देता*

है। कदमों की आवाज़ धीरे-धीरे खत्म हो जाती है।) *(चुप्पी, वो अचानक अपने आपको छुड़ाती है)* अरे ! हम कितने अकेले लग रहे होंगे ना ? दो अनाथ बच्चों की तरह। *(दरवाजे पर घंटी बजती है, वो शान्त रहकर सुनते हैं, घंटी दुबारा बजती है)* गुसलख़ाने में जाओ। *(दरवाजे पर जोर से दस्तक। हब्शी गुसलख़ाने में जाकर छुप जाता है। लिज़्ज़ी दरवाजा खोलती है।)*

दृश्य-5

फ्रेद, लिज़्ज़ी

लिज़्ज़ी

पागल हो क्या ? इस तरह से मेरा दरवाजा क्यों ठोक रहे हो ? नहीं, तुम भीतर नहीं आ सकते, पहले ही तुम मुझे बहुत नज़ारे दिखा चुके हो। यहाँ से दफा हो जाओ, हरामी, दफा हो जाओ। *(वो उसे एक तरफ धकेलता है और भीतर आकर दरवाजा बन्द कर लेता है और उसे कन्धों से पकड़ लेता है। लम्बी चुप्पी)* क्या है ?

फ्रेद

तुम शैतान हो।

लिज़्ज़ी

यही बताने के लिए तुम मेरा दरवाजा तोड़े डाल रहे थे ? क्या दिमाग पाया है। तुम कौन से चिड़िया घर से छूटकर आए हो ? *(कुछ समय)* जवाब दो।

फ्रेद

उन्होंने एक हब्शी को पकड़ लिया है। ये वो वाला

हब्शी नहीं था फिर भी उन्होंने उसको मार डाला।

लिज़्ज़ी

तो फिर ?

फ्रेद

मैं उन लोगों के साथ था। *(लिज़्ज़ी सीटी बजाती है)*

लिज़्ज़ी

अच्छा *(कुछ क्षण)* लोग कहते हैं कि किसी हब्शी को मरते देखना बड़ी खास बात है।

फ्रेद

मेरी तुम्हें पाने की इच्छा हो रही है।

लिज़्ज़ी

क्या ?

फ्रेद

तुम शैतान हो, तुमने मुझ पर जादू कर दिया है। मैं उन लोगों के बीच था, अपना रिवाल्वर हाथ में लिये और हब्शी एक डाल पर चढ़ा हुआ था। मैंने उसे देखा और सोचा मुझे वो लड़की चाहिए। ये स्वाभाविक बात नहीं है।

लिज़्ज़ी

छोड़ दो मुझे। मैंने कहा, मुझे छोड़ दो।

फ्रेद

इसका क्या मतलब है ? तुमने मुझे क्या कर डाला है, चुड़ैल ? मैंने हब्शी को देखा और लपटों के ऊपर मुझे तुम खड़ी नजर आई और मैंने गोली चला दी।

लिज़्ज़ी

हरामजादे, छोड़ दो मुझे, छोड़ दो मुझे, तुम कातिल हो।

फ्रेद

तुमने मेरे साथ क्या किया है ? तुम मुझसे ऐसे जुड़ गई हो जैसे मेरे मसूढ़े मेरे दाँतों से। मुझे हर जगह तुम ही दिखाई पड़ती हो, तुम्हारा जिस्म, तुम्हारा ये बदजात जिस्म। मुझे अपने हाथों में तुम्हारी गर्मी महसूस होती है। मेरे नथुनों में तुम्हारी गन्ध बस गई है। मैं दौड़ता हुआ यहाँ तक आया, पता नहीं क्यों; तुम्हें कत्ल करने के लिए या जबर्दस्ती तुम्हें भोगने के लिए। अब मुझे पता चल गया है। *(अचानक उसे छोड़ देता है)* एक रंडी के लिए मैं अपनी ज़िन्दगी बर्बाद नहीं कर सकता। *(वापस उसकी तरफ आता है)* आज सुबह तुमने जो कहा था, वो सच था ? वो सच था ?

लिज़्ज़ी

क्या ?

फ्रेद

यही कि तुम्हें मुझसे सुख मिला था ?

लिज़्ज़ी

मुझे अकेला छोड़ दो।

फ्रेद

कसम खाओ कि ये सच था ? कसम खाओ। *(उसकी कलाई मरोड़ता है। गुसलख़ाने से कुछ आवाज़ सुनाई पड़ती है।)* ये कैसी आवाज़ थी ? *(सुनता है)* वहाँ अन्दर कोई है।

लिज़्ज़ी

तुम पागल हो। वहाँ कोई नहीं है।

फ्रेद

बिलकुल है, वहाँ गुसलख़ाने में। *(गुसलख़ाने की तरफ जाता है)*

लिज़्ज़ी

तुम वहाँ भीतर नहीं जाओगे।

फ्रेद

पक्की बात है, वहाँ भीतर कोई है।

लिज़्ज़ी

वो मेरा आज का ग्राहक है, पूरा पैसा चुकानेवाला ग्राहक। अब हो गई तुम्हारी तसल्ली ?

फ्रेद

ग्राहक ? अब से तुम्हारा कोई ग्राहक नहीं होगा। अब के बाद कभी नहीं। तुम मेरी हो। *(कुछ समय)* मैं उसकी शक्ल देखना चाहता हूँ। *(चिल्लाता है)* बाहर निकलो।

लिज़्ज़ी

(चिल्लाकर) बाहर मत निकलना, ये धोखा है।

फ्रेद

रंडी की औलाद। *(उग्र होकर उसे धक्का देकर एक तरफ हटाता है, दरवाजे की तरफ जाता है और इसे खोलता है। हब्शी बाहर आता है।)* तो यह है तुम्हारा ग्राहक ?

लिज़्ज़ी

मैंने उसे इसलिए छुपाया क्योंकि वो लोग उसे नुकसान पहुँचाना चाहते थे। गोली मत चलाना, तुम जानते हो कि वो निर्दोष है। *(फ्रेद अपना रिवाल्वर निकालता है, हब्शी अचानक उछलकर दौड़ने लगता है, उसे धकेलता*

हुआ बाहर भाग जाता है। फ्रेद उसके पीछे दौड़ता है। लिज़्ज़ी प्रवेश द्वार पर जाकर, जहाँ से दोनों अभी भागकर निकले हैं, चिल्लाने लगती है।) वो निर्दोष है, वो निर्दोष है। *(दो बार गोली चलने की आवाज़, वो वापस आता है। वो उसकी तरफ मुड़ती है, पीठ दर्शकों की तरफ, हथियार पीठ के पीछे छिपाए। फ्रेद अपना रिवाल्वर मेज पर फेंक देता है)* तो तुमने उसे मार डाला ? *(फ्रेद जवाब नहीं देता)* अच्छा है, अब तुम्हारी बारी है *(रिवाल्वर से उस पर निशाना बाँधती है)*

फ्रेद

लिज़्ज़ी, मेरी माँ के बारे में सोचो।

लिज़्ज़ी

भाड़ में गई तुम्हारी माँ। मुझे इसी तरह पहले भी बेवकूफ बनाया जा चुका है।

फ्रेद

(धीमे-धीमे उसकी तरफ बढ़ते हुए) पहले क्लार्क ने अकेले ही अपने हाथों से पूरा एक जंगल साफ किया था। घात लगाकर हुए हमले में मारे जाने से पहले उन्होंने सोलह रेड इंडियन मारे थे। तकरीबन-तकरीबन ये पूरा शहर ही उनके बेटे ने बसाया था, वो राष्ट्रपति वाशिंगटन के नजदीकी दोस्त थे और अमेरिका की आजादी के लिए लड़ते हुए उन्होंने यॉर्क टाऊन में अपनी जान कुर्बान की। मेरे पड़दादा सान फ्रांसिस्को की कल्याण समिति के मुखिया थे। उन्होंने एक बड़ी आग दुर्घटना में बाईस जिन्दगियाँ बचाई। मेरे दादा यहाँ बसने आए और उन्होंने मिसिसिप्पी की नहर खोदी और वो इस राज्य के राज्यपाल थे। मेरे पिता

सीनेटर हैं और उनके बाद मैं सीनेटर बनूँगा। मैं उनका इकलौता मर्द वारिस और अपने खानदान का आखिरी सदस्य हूँ। इस देश को हमने बनाया है और इसका इतिहास हमारा ही इतिहास है। अलास्का, फिलीपीन्स, न्यू मैक्सिको, हर जगह क्लार्क हैं। क्या तुम पूरे अमेरिका पर गोली चलाने का दुःसाहस करोगी ?

लिज़्ज़ी

तुम और पास आए नहीं कि मैंने तुम्हें उड़ा दिया समझो।

फ्रेद

उड़ाओ, उड़ाओ। देखा, तुम गोली नहीं चला सकती ! तुम्हारी तरह की लड़की मेरी तरह के मर्द पर गोली नहीं चला सकती। तुम हो कौन ? इस दुनिया में तुम्हारी औकात क्या है ? तुम्हें अपने दादा का नाम तक भी पता है ? जीने का अधिकार मुझे है। करने को बहुत से काम पड़े हैं और वो मेरे हाथों से किए जाने का इन्तज़ार कर रहे हैं। ये रिवाल्वर मुझे दे दो। *(वो उसे रिवाल्वर दे देती है। वो इसे अपनी जेब में डाल लेता है)* जहाँ तक हब्शी का सवाल है, वो बहुत तेज भागा, मेरा निशाना चूक गया। *(कुछ समय, वो अपनी बाँह उसके कन्धों पर लपेट देता है)* मैं नदी के उस पार, पहाड़ी पर तुम्हारे लिए एक घर खरीद दूँगा, जिसमें बागीचा भी होगा। तुम उस बागीचे में घूम-फिर सकोगी लेकिन मैं तुम्हें बाहर जाने नहीं दूँगा। मैं बहुत ईर्ष्यालु हूँ। मैं हफ्ते में तीन बार, दिन ढलने पर तुम्हारे पास आया करूँगा : सोमवार, वृहस्पतिवार और सप्ताहान्त में। तुम्हारे पास हब्शी

नौकर-नौकरानियाँ होंगे और उससे ज्यादा धन होगा जितना तुमने कभी सपने में भी नहीं सोचा होगा पर तुम्हें मेरी हर ख्वाहिश को पूरा करना पड़ेगा और मेरी ख्वाहिशें कम नहीं हैं। *(वो उसकी बाँहों में कुछ और सिमट जाती है।)* ये सच है कि मुझसे तुम्हें सुख मिला था ? जवाब दो। ये सच है ?

लिज़्ज़ी

(अलसाते हुए) हाँ, सच है।

फ्रेद

(उसके गाल थपथपाते हुए) तो फिर सब कुछ ठीक है। *(कुछ समय)* मेरा नाम फ्रेद है।

●●●